Kerstin Hack

Erfolg

schlicht + ergreifend

Dieses Buch gehört:

....

Down to Earth

Kerstin Hack: Erfolg – schlicht + ergreifend

ISBN 978-3-86270-538-2
Bestell-Nr. 304215

Gestaltung und Satz: www.michaelzimmermann.com
Druck: Tien Wah Press (Pte) Ltd, Malaysia

Bibliografische Informationen der Deutschen Nationalbibliothek sind im Internet unter http://dnb.d-nb.de abrufbar.

Auch als E-Book bei den üblichen Anbietern und bei www.textunes.de als App für Smartphones erhältlich: ISBN 978-3-86270-540-5

Inhalt

Inhalt

Einleitung

Der Weg zum Erfolg

Wer, wenn nicht wir? Wann, wenn nicht jetzt?
—Jüdisches Sprichwort

■ Keine Frage. Ich bin gerne erfolgreich. Ich liebe es, wenn ich Ziele, die ich mir gesetzt habe, auch erreiche. Ich genieße das Gefühl, angekommen zu sein. Zumindest für einen Moment. Meist dauert es nicht lange, dann stecke ich mir neue Ziele.

Nein, ehrgeizig bin ich nicht. Doch sehr hoffnungsvoll. Ich glaube, dass wir auf dieser Welt Dinge zum Besseren verändern können. Etwas neu gestalten und schöner machen. In unserer eigenen kleinen Welt. Oder in der großen, weiten Welt.

Mich begeistert es, wenn Menschen ihr Potential ausschöpfen und Lösungen für Probleme finden, die vorher unlösbar schienen. In jedem Menschen steckt Kreativität, die er nutzen kann, um etwas zu entwickeln, das anderen dient. Jeder kann sich von problematischen Situationen herausfordern lassen. So wie der lernhungrige, blinde Schüler Louis, den es frustrierte, nicht lesen zu können. Also entwickelte er ein System, das Blinden ermöglicht, Buchstaben zu ertasten – die nach ihm benannte Brailleschrift. Als er sechzehn Jahre alt war, war die Entwicklung abgeschlossen. Doch es dauerte noch mehrere Jahrzehnte, bis sie sich überall durchgesetzt hatte.

Einleitung

Die Erfahrung, dass es dauern kann, bis Erfolg sich auch in öffentlicher Anerkennung zeigt, machen viele Pioniere. Es müssen viele Faktoren zusammenspielen, damit eine Sache auch nach außen hin erfolgreich wird. Dazu gehören neben dem guten Konzept unter anderem die richtige Zeit, ein ausreichend großer Bedarf, effiziente Kommunikation und vieles mehr. Eine gute Idee ist eine wichtige, aber nicht ausreichende Zutat zum Erfolg. Es braucht ein gutes Zusammenspiel der unterschiedlichsten Faktoren, damit etwas Erfolg hat.
Ich finde es frustrierend, wenn Ideen, die viel Potential haben, scheitern, weil wichtige weitere Faktoren nicht berücksichtigt wurden. Deshalb habe ich dieses Buch geschrieben. Ich möchte die verschiedensten Facetten aufzeigen, die zum Erfolg beitragen. Es ist meine Hoffnung und Erwartung, dass sich dadurch die Chancen meiner Leser erhöhen, mit ihrem Leben und ihren Projekten zum gewünschten Ziel zu kommen. Das würde ich als Erfolg werten – für sie und für mich.

Und nun wünsche ich ein erfolgreiches Lesen und Leben,

—Kerstin Hack

Erfolg

Ein paar grundsätzliche Gedanken

Erfolg – Wortbedeutung

Wort und Sinn allgemein

Erfolg ist eine Reise, kein Ziel. Zu Handeln ist oft wichtiger als das Resultat. —Arthur Ashe

■ Mit Erfolg bezeichnet man heute das Erreichen selbst gesetzter Ziele. Früher nannte man alles so, was die Folge eines Handelns war. Im Wort Erfolg selbst ist ja noch der Begriff »folgen« enthalten. Das weist darauf hin, dass auf eine bestimmte Handlung hin etwas geschieht, sich ein Erfolg einstellt. Das war die ursprüngliche Definition.

Erst später bekam der Begriff seine heutige Bedeutung. Früher bezeichnete man das, was wir heute Erfolg nennen, als »Sieg« oder »Glück«. Man drückte damit aus, dass die Dinge glücklicherweise so gelaufen waren, wie man es erwartet hatte. Oder dass man Widrigkeiten und Widersacher effizient aus dem Weg geräumt hatte.

Heute meint man mit Erfolg, dass eben genau das folgt, was man gewünscht, erhofft und geplant hatte. Früher konnte man sagen: »Das war mein Erfolg«, und damit auch den Karren meinen, den man an die Wand gefahren hatte. Schließlich war das die Folge des eigenen Handels. Das geht heute nicht mehr. Der Begriff »Erfolg« ist für die Dinge reserviert, die sich am Ende tatsächlich wie beabsichtigt und erwartet entwickelt haben.

Bedeutung ganz allgemein

Wenn Erfolg bedeutet, dass genau das Erwünschte eintritt, hat man ein Problem. Denn nicht alle Faktoren, die zum Erfolg führen, sind kontrollierbar. Ein Projekt kann scheitern, weil die Weltwirtschaft kriselt oder auch nur weil ein Mitarbeiter in einer entscheidenden Phase ausfällt.

Es ist auch keine Alternative, den Erfolg einfach umzudefinieren. So wie es ein unbegabter Bogenschütze machte. Erst schoss er seinen Pfeil an die Bäume. Anschließend ging er an die Stelle, an der der Pfeil steckte, und malte die Zielringe außen herum, um dann stolz seine »Erfolge« zu präsentieren. Die Menschen bewunderten ihn – zumindest so lange, bis sie dahinterkamen, wie seine unglaubliche Treffsicherheit zustande gekommen war.

Mit der Strategie, das, was man erreicht hat, rückwirkend als Erfolg zu definieren, kommt man im Leben auch nicht weit. Andere spüren schnell, dass man den Erfolg nicht wirklich erzielt, sondern sich den Misserfolg nur schöngeredet hat.

Besser ist es, klar zu definieren, worin in einer bestimmten Sache der Erfolg bestehen würde. So dass man am Ende klar beurteilen kann, ob das Ziel erreicht wurde oder nicht. Wer darüber hinaus noch klar abgrenzen kann, was in der eigenen Macht steht und was nicht, hat eine gute Grundlage für den Erfolg gelegt. Und auch dafür, mit Misserfolgen gut umgehen zu können. Denn manchmal trägt auch ein plötzlicher Windstoß die Pfeile in eine andere Richtung. ■

Erfolg – persönliche Bedeutung
Die ganz eigene Definition

Glück ist die Freude am eigenen Leben. —Ruut Veenhoven

■ »Wie kannst du behaupten, erfolgreich zu sein?«, fragte mich ein guter Freund provokant. »Wo ist dein BMW?« Mein Haus, mein Boot, mein Auto oder meine steile Karriere, meine glückliche Familie, meine Berühmtheit gelten allgemein als Gradmesser für Erfolg. Die Frage, ob das auch als Maßstab für den eigenen Erfolg geeignet ist, ist berechtigt. Wer sich nur an dem misst, was »man« für erfolgreich hält, lebt nach den Erfolgskriterien anderer. Er hat womöglich nicht für sich selbst geklärt, ob Haus, Boot, Auto und Karriere dem entsprechen, was er selbst wirklich will.
Der Öl-Milliardär John Paul Getty war zu seiner Zeit der reichste Mann der Welt. Er liebte es, Unternehmer zu sein, genoss die Bekanntschaft und Freundschaft vieler einflussreicher Menschen. Andere hätten ihn vermutlich als rundum erfolgreich bezeichnet. Er selbst tat es nicht. Es gab Bereiche seines Lebens, in denen er seine selbst gesteckten Ziele und Wünsche nicht erreicht hatte. Seine fünf Ehen scheiterten. Am Ende seines Lebens gab er zu: »*Ich habe Fehler und Schwächen, Neid gehört aber nicht dazu, abgesehen davon, dass ich Menschen beneide, denen es gelingt, glücklich verheiratet zu sein. Diese Kunst habe ich nie erlernt.*« (aus: »So sehe ich es«. Gustav Lübbe, 1976. Klappentext)

Die ganz persönliche Definition

Erfolg ist nur dann wirklich beglückend, wenn man die eigenen Ziele erreicht hat – nicht wenn man da angekommen ist, wo andere den Erfolg verorten. Wenn man die Ziele erreicht hat, die andere für einen gesteckt haben, freut man sich auch – doch oft ist die Freude nur von kurzer Dauer. Erreicht man hingegen etwas, das der eigenen Persönlichkeit entspringt, erfüllt das mit tiefer Befriedigung. Dieses Gefühl hält dann auch lange an.

Für mich etwa hat Ästhetik einen hohen Wert. Es befriedigt mich sehr, wenn ich schöne Dinge sehe – oder noch besser, wenn ich selbst etwas mit hohem ästhetischem Anspruch entwickeln kann. Wenn ich vor die Wahl gestellt würde, ob ich ein Buch produziere, das wunderschön gestaltet ist, oder eines, das sich massenhaft verkauft, würde ich immer das schöne Buch wählen. Es sei denn, ich wäre gerade am Verhungern. Am liebsten natürlich schön und gut verkäuflich.

Es wird im Leben immer einen Balanceakt zwischen dem geben, was von dir erwartet wird und was du selbst erreichen möchtest. Doch es lohnt sich, darüber nachzudenken, was für dich selbst Erfolg wäre. Was würde dich lange mit Zufriedenheit erfüllen? Darauf kannst du dann zugehen – und vielleicht sogar auf den einen oder anderen nur kurzfristigen Erfolg verzichten. Ich freue mich über meinen Erfolg, viele schöne Bücher produziert zu haben, die das Leben von Menschen bereichern. Und fahre weiter Rad – vielleicht mal Smart. BMW sicher nicht. ■

Werte und Traditionen

Wegweiser, die die Richtung angeben

Ein kluger Mann macht nicht alle Fehler selbst. Er gibt auch anderen eine Chance. —Winston Churchill

■ Das Leben ist zu kurz, um alle Lernerfahrungen selbst zu machen. Wie gut, dass Menschen vor uns da waren, die das Rad erfunden haben, entdeckt haben, wie man Feuer macht und Strom produziert. Und auch wie das Leben gelingt. Unsere Traditionen und Werte bezeugen: Da haben Menschen sich Gedanken gemacht und Erfahrungen gesammelt, wie man sein Leben gut leben kann. In Form von Ratschlägen, Überzeugungen, Regeln und Traditionen geben sie Wissen und Erfahrung an nachfolgende Generationen weiter. Man muss das Rad nicht neu erfinden. Das erleichtert das Leben ungemein. Man hat von anderen gelernt, wie man sicher über die Straße kommt und welches Verhalten Zusammenleben gelingen lässt. Wie gut.

Die Kehrseite: Traditionen versteifen im Lauf der Zeit und manche Werte passen nicht mehr richtig, wenn sich die Gesellschaft ändert. Oder eine veränderte Situation anderes Handeln nötig macht. So erschwerten nach der Katastrophe in Japan 2011 starre Landesbestimmungen das Anliefern von Hilfsgütern. Es ist für ein gelingendes Leben erforderlich, Werte und Regeln immer wieder auf ihre Tauglichkeit für die aktuelle Zeit und Lebenssituation zu überprüfen.

Werte und Traditionen

Werte, Regeln und Traditionen sind Modelle. Sie sind nicht die Wirklichkeit, sondern Schlussfolgerungen aus der eigenen Sicht der Welt. Hat man ein falsches Modell der Wirklichkeit, wird man auch falsche Schlussfolgerungen ziehen.

Es lohnt sich, zu hinterfragen, welche Sicht der Wirklichkeit bestimmten Werten zugrunde liegt. So hielten viele Angehörige der Nachkriegsgeneration es für einen hohen Wert, zu sparen. Das Weltbild dahinter war: Wenn man Vorräte angesammelt hat, kann man Katastrophen besser bewältigen.

Das prägt bis heute. Die Deutschen gelten weltweit als hervorragende Sparer – aber als nur mittelmäßige Investoren. Wenn man zu einem erfolgreicheren Investor werden will, nützt es nichts, wenn man etwa auf die Idee käme, den Wert »Sparen« einfach über Bord zu werfen. Stattdessen sollte man tiefer gehen und prüfen, worin er verankert liegt. Etwa indem man fragt: Teile ich die Überzeugung, dass Sparen der beste Weg ist, für Krisen vorzusorgen? Oder könnte es besser sein, in neue Produkte und Ideen zu investieren, um auf diese Art und Weise vorzusorgen? Oder besteht die beste Krisenvorsorge darin, möglichst viele Talente zu entwickeln, um in Krisen flexibel reagieren zu können? Wäre es also effizienter, in Ausbildung zu investieren als in den Sparstrumpf? Nur Werte, die man aus einem Weltbild ableitet, das weitgehend mit der Realität übereinstimmt, führen letztendlich zum Erfolg. ■

Maßstäbe

Wie man sich selbst vermessen kann

Gestern stand ich vor dem Abgrund. Heute bin ich schon einen Schritt weiter. —Autor unbekannt

■ Es gab in meinem Leben schon Tage, die besser begonnen haben als dieser. Am Abend zuvor war ich bei Freunden gewesen. Das war schön. Aufgrund von Bauarbeiten auf der S-Bahnstrecke dauerte der Heimweg dann doppelt so lange wie üblich. Um ein Uhr morgens kam ich endlich zu Hause an – allerdings ohne meinen Schlüssel. Der war irgendwo unterwegs abhandengekommen.

Ein netter Nachbar ließ mich ins Haus. Ich durfte auf seinem Sofa übernachten. Viel geschlafen habe ich nicht. Zu allem Überfluss erwartete ich am nächsten Morgen um acht Uhr Handwerker. Sie konnten erst kurz vor neun mit ihrer Arbeit beginnen. So lange dauerte es, bis es dem Schlüsseldienst, den ich um sieben Uhr gerufen hatte, gelang, die Tür aufzubrechen. 13 Bohrköpfe gingen bei dem Versuch kaputt.

Ich versuchte also, zu schreiben. Natürlich konnte ich mich – müde wie ich war und unterbrochen von den Rückfragen der Handwerker – nur schwer auf Texte konzentrieren. Entscheidungen treffen – ganz schwierig. Effektives Arbeiten sieht anders aus. Doch wenn ich bei der Bewertung berücksichtige, wie der Tag begonnen hatte, war es gar nicht so schlecht.

Maßstäbe

Um Ziele zu erreichen und erfolgreich zu sein, sind Vergleiche wichtig. Erfolg braucht Maßstäbe. Die Frage ist immer, womit man sich vergleicht. Würde ich an diesen Tag meine Top-Form als Maßstab anlegen, die Zeiten, in denen ich mühelos schreiben kann und mir eine kreative Idee nach der nächsten kommt, käme ich schlecht weg. Aber wäre ein solcher Vergleich angesichts der aktuellen Situation angemessen und fair? Ich denke nicht.

Dennoch vergleichen manche Menschen das, was sie erreichen, ständig mit der bestmöglichen Variante. Sie kommen dabei logischerweise oft weniger gut weg. Man kann nicht dauernd in Bestform sein oder stets in allen Lebensbereichen Höchstleistungen bringen. Wer solche Maßstäbe anlegt, treibt sich früher oder später in den Burn-out. Wenn man sich mit sich selbst vergleicht, ist es hilfreich, die Situation zu berücksichtigen, da sie das Ergebnis beeinflusst. Man kann sich fragen: In welcher Weise hat die Situation meine Leistung beeinflusst?

Manche Menschen vergleichen ihre jetzige Situation ständig mit dem, was sie noch nicht erreicht haben. Das kann lähmen. Es tut gut, in die andere Richtung zu sehen – auf die bereits erfolgte Entwicklung. Man kann sich fragen: Was gelingt mir heute, das mir früher nicht oder nicht so gut gelungen ist? Was habe ich mir angeeignet? Was habe ich gelernt? Aus dem Blick auf das bereits Erreichte kann man Kraft schöpfen – für die nächsten Schritte. ■

Die anderen können es ja besser

Über den Unsinn des Vergleichens

Wenn du dich mit anderen vergleichst, hörst du auf, dich selbst wahrzunehmen. —Alice Gray

■ »So gut wie der möchte ich das auch mal können!«, seufzt der eine. »So wie der – das bekomme ich nie hin!«, klagt der nächste. Während die einen sich vor allem mit sich selbst vergleichen, blicken die anderen auf andere Menschen – oft auf diejenigen, die erfolgreicher scheinen. Sie sehen auf Menschen, die über das verfügen, was sie selbst gerne könnten oder hätten. Häufig kommen sie selbst dabei nicht sonderlich gut weg.

Beim Vergleichen wird oft nicht berücksichtigt, dass sich die Startbedingungen von Menschen unterscheiden. Kein Mensch hat die gleichen Gene und genau die gleichen physischen Kapazitäten wie ein anderer. Neben den körperlichen Unterschieden sind auch die kulturellen, familiären und sozialen Startbedingungen von Menschen höchst unterschiedlich. Kein Mensch beginnt mit genau den gleichen Voraussetzungen wie ein anderer. Möglicherweise beginnt ein Vierzigjähriger mit mäßig musikalischem Gehör ein Instrument zu spielen. Er tut nicht gut daran, sich mit einem begabten, professionellen Musiker zu vergleichen, der schon seit frühester Kindheit gefördert wurde.

Die anderen können es ja besser

Das häufige Vergleichen nach oben, der Blick zu den Überfliegern im Beruf oder Privatleben, kann sogar zu Depressionen führen. Es kann entlasten, sich einzugestehen: Ich bin nicht so begabt wie diese oder jene Person. Und mir fehlen auch bestimmte Voraussetzungen, um ähnlich erfolgreich zu sein.
Dennoch kann Vergleichen auch motivierend sein. Man kann sich fragen, wie es anderen gelungen ist, zum Ziel zu kommen. Vielleicht hat kontinuierliches Üben zum Erfolg geführt. Vielleicht war es das Aufbauen wichtiger Beziehungen. Oder der Mut, Dinge zu wagen.
Dann kann man sich fragen, ob und wie man diese Erfolgsfaktoren auch selbst einsetzen könnte – nicht um genauso erfolgreich zu werden wie die anderen, aber zumindest ein Stück mehr als man es jetzt ist.
Ab und zu kann es gut sein, sich mit Menschen zu vergleichen, die schlechtere Startbedingungen hatten als man selbst. Und die dennoch Wege gefunden haben, ihr Potential auszuschöpfen. Das kann das Kind einer alleinerziehenden Mutter sein, das später Präsident der USA wurde – Barack Obama. Oder ein blindes und taubes Mädchen, das Bücher schrieb und viele Menschen ermutigte – Helen Keller. Wenn Menschen mit derart schwierigen Startbedingungen so viel erreicht haben, dann könnte es mir ja vielleicht auch gelingen, meine Gaben und Potentiale stärker zu nutzen. Nicht nur vielleicht, sondern sogar ziemlich sicher. ■

Wilde Kerle

Oder: Wenn es sein muss – Ziele verschieben

Erstens kommt es anders. Und zweitens als man denkt.
—Sprichwort

■ Der amerikanische Illustrator Maurice Sendak war glücklich. Er hatte den Vertrag für ein Kinderbuch in der Tasche. Der Verlag hatte ihm sogar schon einen stattlichen Vorschuss für die geplante Geschichte über wilde Pferde gezahlt. Das ist bei Illustratoren reichlich unüblich. Es gab nur ein Problem: Es wollte ihm nicht gelingen, Pferde zu zeichnen. Egal wie sehr er sich anstrengte – die Vierbeiner sahen merkwürdig aus. Er war verzweifelt.

Dann starb ein Familienmitglied – und zur Beerdigung kamen viele Verwandte aus Osteuropa. Sie waren vom Körperbau her klein und gedrungen, hatten buschige Augenbrauen und waren weniger schick gekleidet als Sendaks amerikanische Angehörige. Aber sie waren warmherzige, eigenwillige Charaktere und faszinierten den Illustrator.

Er zeichnete seine rauen, osteuropäischen Verwandten und fragte beim Verlag an, ob man die wilden Pferde nicht zu wilden Kerlen machen könnte. Der Verlag stimmte der Veränderung des Konzepts zu und hat es wohl nicht bereut. Sendaks 1963 erschienenes Buch »Wo die wilden Kerle wohnen« gehört zu den erfolgreichsten Kinderbüchern aller Zeiten.

Diese Geschichte, die ich vor einer Weile in einem Magazin las, hat mich fasziniert. Da hat ein Mensch ein klares, spezifisches Ziel – und erreicht es nicht, weil ihm eine Fähigkeit fehlt. Manche hätten da einfach das Handtuch geschmissen. Sie hätten aufgegeben. Nicht so Sendak. Ihm wurde klar, dass er das Ziel »Kindergeschichte mit Pferden« nicht erreichen konnte. Also wurde das Ziel zerlegt. Er behielt die Teile, die für ihn erreichbar waren: eine spannende Geschichte mit guter Illustration. Und gab lediglich das Ziel auf, Pferde zu zeichnen.

In dieser Komponenten-Taktik steckt viel Weisheit. Die meisten Ziele setzen sich aus mehreren Teilen zusammen. Gelegentlich stellt sich im Prozess heraus, dass das Gesamtziel nicht erreichbar ist, weil manche der Teile nicht funktionieren. An dieser Stelle geben viele Menschen das Ziel ganz auf. Sie denken, weil ein Teil nicht möglich ist, geht alles nicht.

Besser ist es, das Ziel und den Prozess noch einmal genauer zu analysieren. Aus welchen Einzelteilen setzt sich das Ganze zusammen? Welche sind tatsächlich erreichbar? Welche derzeit nicht? Wie könnten die fehlenden Teile modifiziert und ersetzt werden, um ein ähnliches Ziel zu erreichen? Hier kann man von Sendak lernen, so lange dranzubleiben, bis man Alternativen für den nicht erreichbaren Teil gefunden hat. Möglicherweise sind diese am Ende sogar noch attraktiver und erfolgreicher als die ursprünglich geplante Variante. ■

Erfolgreiche Versager

Die Kunst, aus Scheitern das Beste zu machen

Ich kenne jetzt 1000 Wege, wie man die Glühbirne nicht baut.
—Thomas Edison

■ Viele Menschen, die später sehr berühmt wurden, sind auf ihrem Weg erst einmal vermeintlich gescheitert, bevor sie zum Erfolg fanden. Das heißt nicht, dass jeder, der einmal scheitert, später auch tatsächlich Erfolg haben wird. Es bedeutet jedoch, dass sich Erfolg oft nicht gleich beim ersten Versuch einstellt. Von den »Versagern«, die später erfolgreich waren, kann man einiges lernen.

Walt Disney wurde gefeuert, weil er als unbegabter Zeichner galt. Später wurde er mit dem Konzept für Disneyland von mehr als 300 Banken abgewiesen, bis eine ihm schließlich das Geld lieh. Sein Erfolgsgeheimnis: an die eigene Vision glauben.
Christoph Kolumbus wollte den Seeweg nach Indien finden, blieb aber auf halber Strecke in Amerika stecken. Sein Erfolgsgeheimnis: die Realität anerkennen und dann das Beste daraus machen. Ziele, die mit vorhandenen Mitteln nicht erreichbar sind, umdefinieren.
Thomas Edison brauchte Hunderte von Versuchen, bis es ihm gelang, eine funktionierende Glühlampe herzustellen. Sein Erfolgsgeheimnis: Misserfolge als Lernchancen sehen.

Erfolgreiche Versager

Akio Morita und sein Partner entwickelten Reiskocher, von denen sie nur 100 Stück verkauften, die dann häufig nicht einmal funktionierten. Sie gaben nicht auf und entwickelten weiter. Das Ergebnis: die Firma Sony. Ihr Erfolgsgeheimnis: Weitermachen.
Fred Astaire: »Kann nicht singen, beginnender Haarverlust, tanzt auch«, war das Urteil eines Produzenten. Astaire sang sich dennoch weiter in die Herzen der Menschen. Sein Erfolgsgeheimnis: sich von dem Urteil anderer nicht verunsichern lassen.
Spencer Silver wollte Superkleber erfinden, aber der löste sich immer ab – die Lachnummer unter Kollegen. Später kam ihm die Idee, den sich ablösenden Kleber auf Papier zu streichen. So entstanden Haftetiketten (»Post-its«). Sein Erfolgsgeheimnis: Flexibilität. Dinge anders nutzen als ursprünglich geplant.
Mutter Teresa wurde erst glücklich, als sie ihre sichere Position als Schulschwester aufgab und den Armen diente. Ihr Erfolgsrezept: den passenden Platz finden.
Nelson Mandela scheiterte anfänglich in seinem Kampf gegen die Apartheidpolitik. Er landete im Gefängnis und musste 27 Jahre dort bleiben. Sein Erfolgsrezept: den eigenen Einflussbereich nutzen, statt nur zu träumen. Sich und der eigenen Vision treu bleiben.
Jesus Christus wurde in einem ungerechten Prozess verurteilt und hingerichtet. Heute folgen ihm Millionen von Menschen. Sein Geheimnis: seinem Auftrag treu bleiben und den Menschen vergeben, die ihm Unrecht getan haben. ■

Ansichten über den Erfolg

Was berühmte Menschen sagen

Erfolgreich zu sein, heißt, anders als die anderen zu sein. —Woody Allen

Ich habe dreißig Jahre gebraucht, um über Nacht berühmt zu werden. —Harry Belafonte

Glück und Erfolg werden einem nur gegeben, wenn man großmütig einwilligt, beide zu teilen. —Albert Camus

Erfolg ist die Fähigkeit, von einem Misserfolg zum nächsten zu gehen, ohne dabei seinen Enthusiasmus zu verlieren. —Winston Churchill

Erfolg besteht darin, dass man genau die Fähigkeiten hat, die im Moment gefragt sind. —Henry Ford

Erfolg hat nur derjenige, der etwas tut, während er auf den Erfolg wartet. —Thomas Edison

Erfolgreich zu sein, setzt zwei Dinge voraus: klare Ziele zu haben und den brennenden Wunsch, sie zu erreichen. —Johann Wolfgang von Goethe

Das Wichtigste, was unsere Kinder über Erfolg lernen müssen: Wie man mit Niederlagen umgeht. —Henry Cloud

Was ist für euch Erfolg?

Antworten auf eine Umfrage von Kerstin Hack auf Facebook im März 2011

André S.: Sinn finden im Sinne von Viktor Frankl.

Jörg M.: Wenn ich mich glücklich und zufrieden fühle – das kann sich auch auf die Kleinigkeiten des Lebens beziehen.

Christoph S.: Sam Logan hat Erfolg so definiert: »Gottes Willen erkennen und tun.«

Betty F.: Es bedeutet für mich: geschafft, erreicht, erledigt, zufrieden sein, Dankbarkeit, Freude, Ansporn.

Monika B.: Bäume pflanzen, unter deren Schatten andere Menschen gerne sitzen.

Cornelia S.: Menschen erleben, die entmutigt zum Gespräch kommen und nach zwei Stunden ermutigt und mit einem Lächeln auf den Lippen nach Hause gehen.

Karin S.: Wenn etwas gelingt, ich Veränderungen bzw. Verbesserungen sehe, ich etwas »geschafft« habe ...

Katharina H.: Wenn Gott über mich lächelt :-)

www.facebook.com/DtEVerlag

Erfolg von A bis Z

Inspirierendes und Praktisches

Anfangen

Über die ersten Momente

Unsere Träume können wir erst dann verwirklichen, wenn wir uns entschließen, daraus zu erwachen. —Josephine Baker

■ »Ich möchte auch einmal ein Buch schreiben.« Das höre ich sehr häufig als Reaktion, wenn ich Menschen erzähle, dass ich Autorin bin. Viele möchten schon gerne. Doch es kommt nie zum Tun. Das liegt oft daran, dass die Entschlossenheit fehlt, den ersten Schritt zu gehen.

Einer, der um die Bedeutung des ersten Schrittes weiß, ist mein tschechischer Freund Sascha Flek. Er war frustriert. In anderen Sprachen gab es Dutzende von Bibelübersetzungen. Auf Tschechisch nur eine, die so alt war, dass fast niemand mehr sie verstand. »Warum gibt es keine moderne Übersetzung in unserer Sprache?«, fragte er sich erst. Und dann: »Warum machst du nicht selbst eine?«

Er war voller Selbstzweifel – ihm fehlten die Kenntnisse klassischer Sprachen und die Finanzen. Doch der Gedanke ließ ihn nicht mehr los. Er wusste aber auch: Wenn er nicht gleich beginnen würde, würden die Zweifel überhandnehmen. Am Abend des Tages, an dem er den Entschluss gefasst hatte, setzte er sich hin und begann, das einfachste Kapitel der Bibel zu übersetzen, das er kannte. 15 Jahre später war die Übersetzung fertig.

Anfangen

Bevor man den ersten Schritt gehen kann, muss man erst einmal wissen, worin er besteht. Für Sascha war klar: »Der erste Schritt für mich ist, mit einem ganz einfachen Kapitel zu beginnen.« Später folgten viele weitere Schritte, doch seine Entschlossenheit, den allerersten Schritt zu gehen, war entscheidend.
Viele Menschen scheitern, weil sie sich nie die Mühe machen, darüber nachzudenken, was der erste mögliche Schritt wäre. Und ihn dann zu gehen.
Wenn ich Leute coache, stellt sich oft die Frage, wie sie ihre Ziele erreichen können. Ich frage dann meist, was der erste, kleinstmögliche Schritt wäre. Oft nennen sie dann Handlungen, die nicht klar definiert und meist viel zu groß für einen ersten Schritt sind, z. B. bei Autoren »einen Verlag finden.« Das ist eine ziemlich große Aufgabe, die viele Teilschritte und wohlüberlegte Vorbereitung erfordert.
Ich frage dann weiter: »Was müsstest du vorher tun, damit du das tun kannst?« Nicht selten dauert es mehr als eine halbe Stunde, bis der erste, kleinstmögliche Schritt definiert ist. Das kann etwas so Einfaches sein, wie in eine Buchhandlung oder ins Internet zu gehen und nachzusehen, welche Bücher es zu dem Thema schon gibt. Ist dieser erste Schritt, der so bemessen ist, dass man ihn tatsächlich gehen kann, erst einmal definiert, stellt sich oft große Erleichterung ein. Ja. Das kann ich tatsächlich tun. Wenn man klar weiß, worin der erste Schritt besteht, kann man ihn auch gehen. Ganz leicht. ■

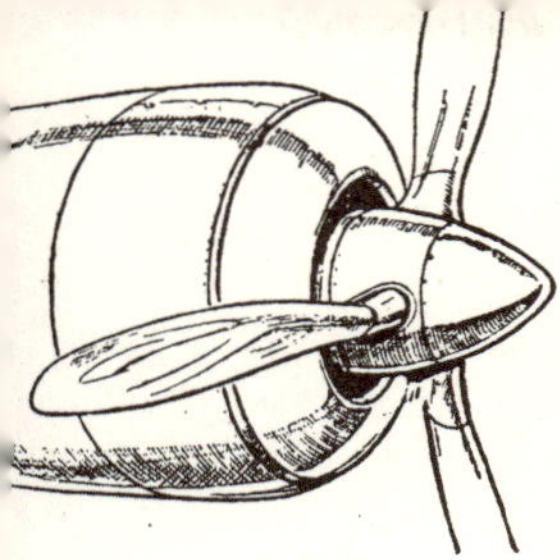

Praxistipps

- **Notiere:** Schreibe Dinge auf, von denen du schon lange sagst: »Das würde ich gerne einmal tun.« Streiche, was du wohl nie anpacken wirst.

- **Überlege:** Was wäre bei den übriggebliebenen Punkten der Liste der erste, kleinstmögliche Schritt, den du gehen kannst, um mit dem Projekt weiterzukommen?

Medientipps

- David Allen: *Wie ich die Dinge geregelt kriege. Selbstmanagement für den Alltag*. Serie Piper, 2007.

- Zur Bibel21: www.de.wikipedia.org/wiki/Bible_21

Stufen

Wie jede Blüte welkt und jede Jugend
Dem Alter weicht, blüht jede Lebensstufe,
Blüht jede Weisheit auch und jede Tugend
Zu ihrer Zeit und darf nicht ewig dauern.
Es muss das Herz bei jedem Lebensrufe
Bereit zum Abschied sein und Neubeginne,
Um sich in Tapferkeit und ohne Trauern
In andere, neue Bindungen zu geben.
Und jedem Anfang wohnt ein Zauber inne,
Der uns beschützt und der uns hilft zu leben.

Text: Hermann Hesse

Berufung

Die Freude zu tun, was einem entspricht

Der Ort, an den Gott dich beruft, ist der Ort, an dem deine größte Freude auf die größte Not der Welt trifft.
—Frederick Buechner

■ »Es ist für mich eine Qual, jeden Morgen zur Arbeit zu gehen.« Der junge Mann, der mir das sagte, ist keineswegs faul oder arbeitsscheu. Im Gegenteil. Ich bewundere seine Entschlossenheit, ständig dazuzulernen und sich weiterzuentwickeln. Genau hier liegt das Problem. In seiner Arbeit tut er seit Jahren das Gleiche. Er hat in seinem beruflichen Umfeld kaum Möglichkeiten, sich weiterzuentwickeln oder die in seiner Freizeit erworbenen Kenntnisse einzusetzen.
Das Wort Berufung enthält das Wort »Ruf«. Es beinhaltet das Konzept, von einer inneren Stimme oder vom Schöpfer selbst zu einer bestimmten Aufgabe gerufen worden zu sein. Für viele ist es ein großes, Ehrfurcht einflößendes Wort. Man denkt spontan vielleicht an Mutter Teresa, Paulus, Gandhi oder andere Menschen mit einer herausragenden Berufung. Sie verspürten und lebten den inneren Ruf, zu großen Veränderungen beizutragen. Die meisten von uns werden auf der Welt nicht so viel bewegen. Doch jeder Mensch kann seine eigene Berufung und Beauftragung finden und leben. Wenn wir das tun, was zu uns passt, werden wir auch am glücklichsten sein.

Berufung

Weder die Natur noch ihr Schöpfer erwarten von den Geschöpfen, dass sie Dinge tun, die außerhalb ihrer Begabungen liegen. Das macht auch wenig Sinn. Warum sollte ein Elefant fliegen? Oder ein Kaninchen auf Bäume klettern? Doch wir Menschen zwängen uns oft in Rollen, die uns einfach nicht entsprechen, und halten es jahrelang an Arbeitsstellen oder in Ehrenämtern aus, die uns keineswegs liegen. Manchmal aus Angst. Manchmal, weil wir es nicht besser wissen. Dabei ist es gar nicht so schwer, zu entdecken, wozu man berufen ist. Ein paar einfache Fragen können einem da schon auf die Sprünge helfen:

- Was kann ich gut?
- Welche Missstände würde ich gerne verändert sehen?
- Was macht mich am glücklichsten?

Es gibt Dinge, die fallen uns leichter als andere, und Tätigkeiten, die wir besonders gern ausführen. Und manche Situationen liegen uns stärker am Herzen – hier würden wir besonders gerne etwas beitragen. Wer diese Fragen klar beantworten kann, hat schon einen Großteil seiner Berufung gefunden. Nicht immer wird es möglich sein, daraus einen Vollzeitberuf zu machen. Aber Berufung kann man auch in einem Teil der zur Verfügung stehenden Zeit ausleben.

Der mit seiner beruflichen Situation unzufriedene Mann hat mittlerweile seine Berufung gefunden. Er wird seine Stärken und Talente einsetzen, um ein eigenes Unternehmen zu gründen. Ich begleite ihn dabei. So kann ich auch einen Teil meiner Berufung ausleben. ■

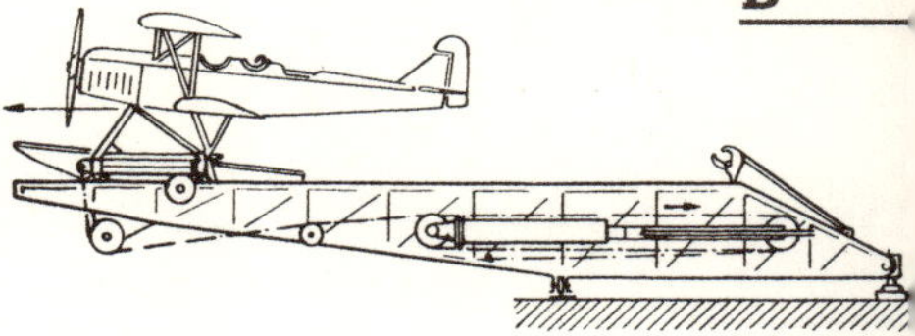

Praxistipps

- **Notiere:** Schreibe die Antworten zu den Fragen der vorausgegangenen Seite auf.
- **Überlege:** Bei welchen Menschen empfindest du, dass sie ihre Berufung ausleben? Was zeichnet sie aus? Wie haben sie das wohl geschafft?
- **Probiere:** Suche nach Möglichkeiten, Tätigkeiten auszuprobieren, von denen du ahnst, dass sie deiner Berufung entsprechen könnten, z. B. als Praktikum oder Ehrenamt.

Buchtipps

- Birgit Schilling: *Berufung finden und leben. Lebensplanung für Frauen.* SCM R. Brockhaus, 2009. – Die Autorin bietet auch Seminare zu diesem Thema an: www.schilling-supervision.com
- Petra Bock: *Die Kunst, seine Berufung zu finden.* Fischer, 2006.

Wer bin ich?

Wer bin ich? Sie sagen mir oft,
ich spräche mit meinen Bewachern
frei und freundlich und klar,
als hätte ich zu gebieten.
Wer bin ich? Sie sagen mir auch,
ich trüge die Tage des Unglücks
gleichmütig, lächelnd und stolz,
wie einer, der Siegen gewohnt ist.

Bin ich das wirklich, was andere von mir sagen?
Oder bin ich nur das, was ich selbst von mir weiß?
Unruhig, sehnsüchtig, krank, wie ein Vogel im Käfig,
ringend nach Lebensatem, als würgte mir einer die
Kehle, hungernd nach Farben, nach Blumen, nach
Vogelstimmen, dürstend nach guten Worten, nach
menschlicher Nähe,

Wer bin ich? Der oder jener?
Bin ich denn heute dieser und morgen ein andrer?
Bin ich beides zugleich? Vor Menschen ein Heuchler
und vor mir selbst ein verächtlich wehleidiger
Schwächling? (...)

Wer bin ich? Einsames Fragen treibt mit mir Spott.
Wer ich auch bin, Du kennst mich, Dein bin ich, o Gott!

Text: Dietrich Bonhoeffer (Auszug)

Coaching

Unterstützung genießen

Wie gut er fragt! Er muss tausend Antworten haben.
—Beat Rink

■ »Wieso bin ich da nicht schon früher draufgekommen?«, sagen mir Klienten oft bei einem Coaching, wenn gerade der sprichwörtliche Groschen gefallen ist. Oder: »Wieso hab ich dafür eigentlich einen Coach gebraucht? Die Lösung hätte mir doch auch selbst einfallen können.«
Ja, hätte – vielleicht. Fakt ist: Man sah den Weg nicht, weil der Blick verstellt war. Gutes Coaching hilft, Klarheit zu gewinnen. Man entdeckt Lösungen, die längst vorhanden waren – nur nicht gesehen wurden. Coaching hilft, das Offensichtliche zu sehen. Es ist dann so klar, dass man sich fragt, wieso man es nicht schon längst gesehen hat.
Ein erfahrener Coach, Christoph Schalk, wurde einmal gefragt, ob er sich denn nicht selbst coachen könne, da er doch alle Coachingtechniken beherrsche. Seine Antwort: »Klar geht das. Aber ich gönne mir Coaching. Ich habe die Erfahrung gemacht, dass ich, wenn ich Dinge ohne Unterstützung löse, achtmal so lange brauche, wie wenn mich ein erfahrener Coach bei der Lösungssuche begleitet.« Ja, man kann versuchen, alles allein zu schaffen – aber warum sollte man, wenn es mit Begleitung viel besser geht?

Coaching

Es ist immer wieder faszinierend, zu erleben, welche Kraft gutes Coaching hat. Dabei ist es gar nicht schwierig. Es braucht nur gute Fragen und ein paar Hilfsmittel. Probleme sind häufig kompliziert, aber Lösungen sind, wenn man sie erst einmal gefunden hat, immer einfach. Doch gerade das Einfache macht es so schwer. Denn wir sind gewohnt, alles umständlich zu machen. Gute Coaches beherrschen die Kunst, das Einfache wieder sichtbar werden zu lassen.

Man vertraut einem Coach persönliche Dinge an. Deshalb sollte man sich bei einem Coach sicher fühlen. Worauf sollte man sonst noch achten, wenn man nach einem Coach sucht? Es ist nicht hilfreich, nach einem Menschen zu suchen, der alle Antworten hat und immer guten Rat weiß. Ratschläge können manchmal nützlich sein. Doch aus eigener Erfahrung weiß man: Die Ratschläge, die einem andere geben, sind nicht immer ganz passend. Im Gegenteil. Häufig passen sie gar nicht. Weit wirkungsvoller sind die Antworten, die man selbst gefunden hat.

Deshalb besteht die wichtigste Fähigkeit eines Coaches darin, sich zurückzunehmen und gute Fragen zu stellen. Das sind Fragen, die dich auf neue Spuren locken. Wenn mir während eines Coachings jemand sagt: »Das ist jetzt aber eine harte Frage!«, strahle ich. Weil ich weiß, dass das Nachdenken darüber dazu führen wird, dass er ganz neue Antworten findet. Selbst wenn er hinterher sagt: »Darauf hätte ich ja auch allein kommen können.« ■

Praxistipps

- **Überlege:** Bei wem könnte ich Coaching für mich in Anspruch nehmen? Wo und wie könnte ich Coaching lernen, um andere begleiten zu können?

- **Übe:** Arbeite ein Coaching-Buch durch (s. u.), um die Grundzüge des Coachings zu verstehen.

Medientipps

- Kerstin Hack: *Coaching Basics. Menschen begleiten und fördern.* Down to Earth, 2010.

- Daniel Meier & Peter Szabo: *Coaching. erfrischend einfach.* Books on Demand, 2008.

- Jorge Bucay: *Komm, ich erzähl dir eine Geschichte.* Fischer (Tb.), 2008.

- www.coachnet.de

Coaching erleben

Playmobil-Figuren haben Freya Carolin Petersen zu einer besseren Chefin gemacht: der kleine Teufel, das liebe Mädchen und die Mutter. »Das sind alles Charakterzüge, die ich in mir finde«, erklärt die 37-jährige Betriebswirtin. (...) »Mein Problem war, dass ich ungern delegiert habe«, sagt Petersen. Ihr Coach Axel Janßen kennt das. »Das ist ein irrsinnig weit verbreitetes Verhalten«, sagt er. Neben der Angst vor den Fehlern der anderen sei häufig Konfliktscheue die Ursache für mangelnde Aufgabenteilung. Janßen kommt dem mit den Playmobil-Figuren auf die Schliche. Er lässt seine Schützlinge genau erklären, warum sie in einer konkreten Situation eine Aufgabe nicht weitergegeben haben. (...) »Wenn mir ein Mitarbeiter eine Frage stellt, möchte ich ihm gerne helfen. Und Schwupps! habe ich die Akte wieder auf meinem Tisch«, sagt Petersen. Klarer Fall von Mutterinstinkt, diagnostiziert sie und zeigt auf das entsprechende Playmobil-Männchen. (...) »Viele Leute ahnen selbst, was sie besser machen könnten«, urteilt Axel Janßen, »aber den Weg zu gehen, das ist etwas anderes.« Vertrauen ist dabei oberste Voraussetzung. »Es ist unglaublich wichtig, einen guten Draht zum Coach zu haben«, sagt Petersen. Sonst hätte sie sich nie so weit geöffnet (...) – und damit den Erfolg des Coachings gefährdet.

Text: Kilian Kirchgessner, aus: Coaching. Hilfe vom zweiten Ich. ZEIT ONLINE Wissen, 21.08.2008.

Durchhalten

Motivation und Ausdauer

Talent bedeutet Energie und Ausdauer. Weiter nichts.
—Heinrich Schliemann

■ »Noch zehn Sekunden. Noch fünf. Du schaffst es!« – mit diesen Parolen versucht meine Trainerin im Fitnessstudio mich zum Durchhalten zu bewegen. Mit Erfolg. Wenn ich weiß, dass die anstrengenden Übungen bald vorbei sind, kann ich noch die letzten Reserven mobilisieren.

Durchhalteparolen helfen dann, wenn man schnell noch das Letzte herausholen will, um etwas zu schaffen. Doch die meisten Menschen brauchen mehr als ein paar Parolen, um längerfristige Ziele zu erreichen. Um eine komplexe neue Fähigkeit zu erlernen, sind etwa zehntausend Stunden Übung notwendig. Egal, ob es sich dabei um eloquentes Schreiben, meisterhaftes Musizieren oder das sichere Beherrschen einer Fremdsprache handelt.

Der erste Schritt ist, das Stimmige für einen selbst zu wählen. Ich lerne gern. Aber es gibt Dinge, die ich mir nie aneignen würde, weil ich weiß, dass es mich ungleich mehr Mühe kosten würde, sie zu erlernen als andere Tätigkeiten, die besser passen. Wenn eine Tätigkeit nicht zu dir passt, wird das Durchhalten bis zur Beherrschung sehr viel schwieriger als bei Dingen, die dir entsprechen.

Mir gefällt hier der Ansatz des Erfolgsautors Stephen Covey und seiner Frau. Sie wollten ihren Kindern Musik nahebringen und erlaubten ihnen, ein Instrument ihrer Wahl zu lernen. Einzige Bedingung: Die Kinder mussten sich verpflichten, dieses Instrument mindestens zehn Wochen lang zu üben. In diesem Zeitraum war meist schon festzustellen, ob Kind und Instrument miteinander harmonierten oder nicht. Nach Ablauf der zehn Wochen konnten sie sich entscheiden, ob sie das Instrument weiter spielen oder ob sie lieber ein neues ausprobieren wollten. Manche Kinder fanden »ihr« Instrument sofort, während andere erst einmal verschiedene Instrumente probierten, bis sie fanden, was zu ihnen passte.

Neben der eigenen Entscheidung und der Passgenauigkeit spielt auch das Umfeld eine Rolle beim Durchhalten. Das können Menschen sein, die einen ermutigen. Eine Freundin bat mich z. B. kürzlich, ihr in Bezug auf eine Situation, durch die sie sich gerade kämpft, ab und zu ein paar ermutigende Worte zu schreiben. Oder ein Ort, an dem man das Neue in Ruhe einüben kann. Ist dieses Umfeld nicht vorhanden, kann man überlegen, wie man es schaffen kann. Vielleicht indem man einzelne Menschen um Unterstützung bittet. Oder einen geeigneten Ort sucht.

Wenn man entdeckt, dass etwas gar nicht passt, ist es wenig sinnvoll, mit zusammengebissenen Zähnen weiterzumachen. Da kann es besser sein, aufzuhören. Und bei sinnvolleren Dingen durchzuhalten. ■

Praxistipps

- **Überlege:** Wo fällt dir Durchalten schwer? Ist es sinnvoll, weiterzumachen? Wenn ja: Wie kannst du es dir leichter machen?

- **Probiere:** Versuche einmal, wie es ist, wenn du bei etwas länger durchhältst als sonst – egal ob es sich dabei um Joggen oder ums Zuhören handelt.

Medientipps

- Carly Fiorina: *Mit harten Bandagen. Die Autobiografie.* Campus Verlag, 2006.

- Vanessa Kullmann: *Keine große Sache. Coffee to go oder wie man den Traum vom eigenen Unternehmen verwirklicht.* Heyne Verlag, 2008.

- *Der Mann, der Bäume pflanzte.* Regie: Frédéric Back. Canadian Broadcasting Corporation, 1988. Link zum Film: www.bit.ly/pflanz

Durchhalten

Texte aus der Bibel

Wer geduldig ist, der ist weise; wer aber ungeduldig ist, der offenbart seine Torheit.
—Sprüche 14,29

Ein Geduldiger ist besser als ein Starker und wer sich selbst beherrscht, besser als einer, der Städte gewinnt.
—Sprüche 16,32

Wer geduldig ist, der ist ein kluger Mensch, und es ist seine Ehre, dass er Verfehlung übersehen kann.
—Sprüche 19,11

Durch Geduld wird ein Herrscher umgestimmt, und Sanftmut kann den stärksten Widerstand brechen.
—Sprüche 25,15

Das Ende einer Sache ist besser als ihr Anfang; Geduld hilft mehr als Überheblichkeit.
—Prediger 7,8

Ergebnisorientierung

Ziele und Zwischenschritte

Wenn du nicht weißt, wohin du gehst, wirst du garantiert woanders ankommen. —Laurence J. Peter

■ »Mein Freund und ich suchen nach einer Idee, mit der wir reich werden können«, erzählte mir eine junge Frau mit einer Mischung aus Begeisterung und Zweifel. Ich wünsche den beiden, dass sie Erfolg haben. Doch vermutlich werden sie den für sie passenden Weg nicht finden, wenn sie zuerst aufs Ergebnis – den erhofften Reichtum – sehen.

Ergebnisse sind, wie der Name schon sagt, die Dinge, die sich als Folge von Handlungen ergeben. Natürlich sehen sich Geschäftsleute regelmäßig ihre Ergebnisse an. Manche sind – besonders in Krisenzeiten – völlig darauf fixiert und kontrollieren ständig die Verkaufszahlen. Künstler achten vielleicht peinlich genau auf die Reaktionen des Publikums: Bin ich noch beliebt? Klatschen die Leute noch genauso laut wie beim letzten Mal?

An Ergebnissen kann man direkt nichts ändern. Sie setzen sich aus Faktoren zusammen, die man beeinflussen kann, und aus solchen, die man kaum in der Hand hat. In der Wirtschaft etwa schwankende Rohstoffpreise. In der Kunst Faktoren wie der Gesundheitszustand, das Wetter bei Veranstaltungen und der Zustand der Technik.

Ergebnisorientierung

Statt ständig aufs Ergebnis zu schielen, ist es sinnvoller, die Kräfte dort einzusetzen, wo man Dinge beeinflussen kann. Das können Werbeaktivitäten sein oder Maßnahmen zur Verbesserung eines Produktes. Es ist zielführender, konkret zu fragen: Was genau trägt zu dem Ergebnis bei? Welche Faktoren spielen mit? Welche davon kann ich beeinflussen? Was könnten Maßnahmen sein, um die Faktoren zu verbessern (was dann hoffentlich zu besseren Ergebnissen führt)? Wer so denkt, bleibt innerhalb seines Einflussbereichs und vergrößert ihn.
Manche Faktoren, die sich auf das Ergebnis auswirken, kann man kaum lenken. Das können allgemeine Veränderungen auf dem Markt, neue Trends oder Krisen sein. Die sollte man aufmerksam beobachten und überlegen, wie man reagieren kann. So wie der Schweizer Unternehmer Erich Mosset. Ihm wurde bei einem Besuch in den USA klar, dass die Wirtschaftskrise auch die Schweiz treffen würde. Er resignierte nicht oder hoffte auch nicht, dass ihn das irgendwie nicht treffen würde, sondern er reagierte. Er reduzierte Bestände und erhöhte Kredite, fuhr Produktion und Arbeitszeiten herunter und investierte in Innovation. So kam die Firma relativ gut durch die Krise.
Wenn man Fähigkeiten gut einsetzt, Dinge tut, die der eigenen Berufung und Leidenschaft entsprechen und möglichst vielen Menschen nützen, dann stellt sich vermutlich auch ein Stück Reichtum ein. Aber vielleicht ist das dann gar nicht mehr so wichtig. ■

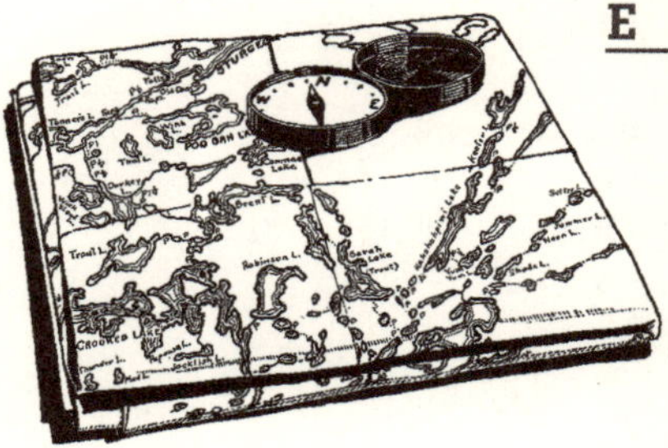

Praxistipps

- **Überlege:** In welchen Bereichen deines privaten oder beruflichen Lebens sind die Ergebnisse nicht so, wie du es dir wünschst? Welche Faktoren, die dazu beitragen, kannst du beeinflussen?

- **Notiere:** Schreibe zu jedem Faktor, den du beeinflussen kannst, fünf Handlungsschritte auf.

- **Kommunikation:** Suche nach Menschen, die gute Ergebnisse in den Bereichen haben, die dir schwerfallen. Frage sie, was dazu beiträgt.

Buchtipp

- Sabine Asgodom: *Greif nach den Sternen! Die 24 Erfolgsgeheimnisse für Glück, Geld und Gesundheit.* Goldmann Verlag, 2002.

Wunsch und Erfüllung

Ob die Erfüllung
eigentlich etwas mit den Wünschen zu tun hat?

Ja, solang der Wunsch schwach ist,
ist er wie eine Hälfte
und braucht das Erfülltwerden
wie eine zweite Hälfte,
um etwas Selbständiges zu sein.

Aber Wünsche können so wunderbar
zu etwas Ganzem, Vollem, Heilem auswachsen,
das sich gar nicht mehr ergänzen läßt,
das nur noch aus sich heraus zunimmt
und sich formt und füllt.

Text: Rainer Maria Rilke

Freundschaft

Dinge gemeinsam erleben

Glory was – I had such friends. —W. B. Yeats

■ Ob es an meinen damals spärlichen Englischkenntnissen lag oder daran, dass die Botschaft so ungewohnt für einen fränkischen Dorffriedhof war – die Worte auf einem Grabstein prägten sich mir unauslöschlich ein: »Say my glory was I had such friends.« Wenn ihr mein Leben betrachtet, dann sagt, dass es meine Freunde waren, die es herausragend gemacht haben.

Freunde sind Menschen, die einem vertraut sind und mit denen man freiwillig gern Zeit verbringt. Manche Menschen, die sich Erfolg wünschen, arbeiten viel und vernachlässigen dabei ihre Freundschaften. Die Arbeit hat Vorrang, Beziehungen zu Menschen werden hintenangestellt. Früher oder später wird sich das auswirken – meist negativ.

Wer Erfolg will, braucht gute Freunde. Menschen, die schon vor dem Erfolg da waren. Kameraden, die begleiten, lieben, unterstützen, kritisieren und mit denen man gemeinsam etwas erleben kann. Menschen, die die Seele stärken. Das kann auch der eigene Partner sein. Eine Freundin schrieb kürzlich: »Was gibt es Schöneres als ein Samstagmorgen im Bett mit leckerem Kaffee, einem guten Buch und dem besten, lebenslangen Freund neben mir?«

Gelegentlich können Freundschaften auch direkt im beruflichen Kontext gelebt werden. Das funktioniert nicht immer – doch wenn es gelingt, kann es wunderbar sein. So wie die legendäre Freundschaft von Daniel Keel und Rudolf Bettschart. Der kreative Keel hatte 1952 den Diogenes Verlag gegründet, doch von Buchhaltung und Rechnungswesen verstand er nicht viel. Sein Jugendfreund Rudolf half ihm in seiner Freizeit und stieg später selbst ins Unternehmen ein. Sie stritten sich, versöhnten sich auch wieder – und zusammen gelang ihnen etwas, das keiner von ihnen allein geschafft hätte. Gemeinsam brachten sie Tausende Bücher heraus – von Loriot bis Donna Leon. Sie schenkten Millionen von Menschen unzählige genussvolle Lesestunden und machten Diogenes zum größten Literaturverlag Europas.

Freundschaften leben von innerer Verbindung. Die wird gestärkt, wenn man sich Zeit nimmt, etwas miteinander zu teilen. Das können Gedanken und Erfahrungen sein oder auch gemeinsame Projekte. Dafür braucht man Zeit und Offenheit. Doch es lohnt sich. Der Mensch, der niemanden hat, den er »Freund« nennen kann, ist arm – unabhängig von seinem Kontostand. Reich ist der Mensch, der Freunde hat, die ihn mögen, die zu ihm stehen und auf die er sich verlassen kann. Niemand kann auf Dauer etwas in der Welt verändern ohne Menschen, die ihm zur Seite stehen. Selbst Jesus hatte Menschen um sich, zu denen er sagen konnte: »Ihr seid meine Freunde.« ■

Praxistipps

- **Überlege:** Welche Menschen betrachtest du als deine Freunde? Was könntest du tun, um die Freundschaft zu stärken?

- **Unternehmung:** Plane eine besondere Aktivität mit einem oder mehreren Freunden – etwas, woran ihr euch noch Jahre später erinnern könnt.

- **Ausdrücken:** Sage oder schreibe einem Freund/einigen Freunden, was sie dir bedeuten.

Buchtipps

- Kerstin Hack: *Worte der Freundschaft. Zitate und Gedanken über wertvolle Menschen.* Down to Earth, 2008.

- Conny Wenk: *Freundschaft. Was das Leben reich macht.* Neufeld Verlag, 2010.

Freundschaft

Ein Freund in deinem Leben ist wie Brot und Wein

Freunde sind Menschen, die sich gut verstehen,
die gemeinsam eine Weile denselben Weg gehen.
Sie sind nicht mehr allein. Sie schauen nicht so sehr aufeinander, sie schauen gemeinsam weiter.
Sie suchen nicht einander, sie suchen gemeinsam, was jeder braucht.

Freunde legen sich nicht gegenseitig an die Kette, das wäre der Tod der Freundschaft. Sie verfallen nicht in Eifersucht, sie kapseln sich nicht ab.
Sie machen einander frei. Sie helfen einander, den wahren Weg des eigenen Lebens zu finden.

Freunde lassen sich nicht im Stich. Sie bleiben einander nahe in Freud und Leid, in Erfolg und in der Niederlage. Du kannst alles aushalten und alles durchstehen, wenn ein Freund dir zur Seite ist.
Ein guter Freund ist der beste Trost in der Not.

Text: Phil Bosmans, aus: Sonnenstrahlen der Freude tun dir gut. Verlag Herder, 1999.

Genießen

Die Kunst, kleine und große Erfolge zu feiern

Feiern Sie das, wovon sie mehr sehen wollen. —Tom Peters

■ Gerade habe ich eine Pause gemacht und ein bisschen gefeiert. Immerhin bin ich beim Schreiben schon bei »G« angekommen – ein kleiner Grund zum Feiern. Ich habe die verspielten Tauben auf dem Dach beobachtet, den blauen Himmel und eine leckere Kleinigkeit genossen.

Zum Feiern braucht es nicht viel – keinen großen Anlass und auch nicht unbedingt großen Aufwand. Doch es gibt nur wenig, was Menschen so sehr stärkt, wie das Feiern. Wenn wir kleine Erfolge feiern, gibt uns das Kraft auf dem Weg. Manche Menschen warten mit dem Feiern bis sie etwas ganz Großes geschafft haben. Oder noch schlimmer: Sie stürzen sich dann gleich ins nächste Projekt – ohne das bisher Erreichte zu feiern. Oder sie blicken nur auf das, was ihnen noch fehlt und was sie noch nicht erreicht haben. Durch diese Fixierung auf das Fehlende verpassen sie die Chance, sich, und vielleicht auch ihr Team, zu stärken und zu ermutigen.

Zu feiern, was wir erreicht haben, beglückt und stärkt. Erfolgserlebnisse sind wie Öl, das den inneren Antrieb schmiert. Um sie würdigen zu können, hilft es, innezuhalten und erst einmal zu realisieren, dass wir tatsächlich etwas geschafft haben.

Genießen

Der Wunsch, besondere Ereignisse zu feiern, gehört ganz tief zum Menschsein. Feiern bedeutet, schöne, außergewöhnliche Dinge wahrzunehmen und sie zu würdigen. Neben den großen Anlässen wie Jubiläen, Jahresabschluss, Weihnachten, Geburtstagen und Hochzeiten gibt es viele kleine Dinge, die man im Alltag feiern kann. Man kann zelebrieren, dass man einen Text fertig geschrieben, die Wäsche aufgehängt oder einen Teilschritt in einem Projekt abgeschlossen hat. Man kann feiern, dass die Sonne scheint oder dass der Körper weitgehend gesund ist. Man kann Begegnungen und Freundschaften ebenso feiern wie einen Abschluss oder Neubeginn.
Feiern bedeutet nichts anderes, als einen kurzen oder längeren Moment das Alltägliche ruhen zu lassen und das Besondere zu genießen. Das kann man allein durch seine innere Haltung tun: Du kannst feiern, wie weit du mit etwas gekommen bist, und dir die Zeit nehmen, dich darüber zu freuen. Oder du kannst dir etwas Besonderes gönnen. Nach Erledigung der Bügelwäsche vielleicht ein Stück edle Schokolade oder – etwas kalorienbewusster – eine duftende Tasse Tee. Bei größeren Anlässen zum Feiern kannst du entsprechend »dicker auftragen« und das Besondere ausgiebig feiern. Wenn du es lernst, die kleinen Besonderheiten im Alltag wahrzunehmen, sie zu würdigen und zu genießen, wird deine Lebensfreude garantiert zunehmen. Und mit mehr Energie und Freude stellen sich automatisch auch mehr Erfolge ein. ■

Praxistipps

- **Überlege:** Was gibt es in deinem Leben zu feiern? Was ist beglückend? Was hast du erreicht?

- **Notiere:** Mache dir eine Liste mit zehn Ideen, wie du kleine Erfolge feiern kannst.

- **Gemeinsam:** Überlege, was im Leben eines anderen Menschen ein Anlass zum Feiern wäre, und denke dir etwas aus, wie du das mit ihm feiern könntest.

- **Markiere:** Markiere erledigte Dinge grün, statt sie durchzustreichen. So symbolisierst du: Ich habe etwas zum Wachsen gebracht.

Buchtipps

- Klaus Douglas: *Glück ist jetzt.* Adeo 2010.

- Beate Handler: *Mit allen Sinnen leben. Tägliches Genusstraining.* Goldegg, 2010

Genießen

Leben und Genießen

Kannst du dich an einer Blume freuen, an einem Lächeln, am Spiel eines Kindes? Dann bist du reicher und glücklicher als ein Millionär, der alles hat, was er sich nur träumen kann, und der doch an nichts mehr Freude hat. Nicht Besitz macht reich, sondern Freude.

Menschen leiden an einer schrecklichen Krankheit: alles haben wollen und nichts mehr genießen können. Um leben zu können, musst du genießen können. (...) Um genießen zu können, musst du frei sein. Frei von Gier, frei von Leidenschaften, die dich ins Unglück stürzen.

Wenn du genießen kannst, kannst du dich freuen. Du triffst freundliche Menschen. Die Freundschaft Gottes kommt dir entgegen in jedem Lächeln, in jeder Blume, in jedem guten Wort. Für einfache Menschen sind kleine Freuden groß genug. Wenn du kleine Dinge in aller Ruhe genießen kannst, dann wohnst du in einem Garten voller Seligkeit.

Text: Phil Bosmans, aus: Sonnenstrahlen der Freude tun dir gut. Verlag Herder, 1999.

Herausforderung

Am Leben wachsen

Über Probleme reden schafft Probleme. Über Lösungen reden schafft Lösungen. —Steve de Shazer

■ Vor mir liegen etwa 20.000 Herausforderungen. Das ist grob geschätzt die Anzahl der Probleme, die meine Partner und ich in einem neuen, komplexen Projekt bewältigen werden, bis es läuft. Technische Probleme. Organisatorische Probleme. Logistische Probleme. Praktische Probleme. Kleine Probleme und große.

Ich finde das klasse. Nein, ich bin nicht scharf auf Probleme. Ich verzichte gern auf sie. Aber ich bin scharf aufs Leben und Lernen. Herausforderungen zu meistern gehört zur Würde des Menschen. Wir können Lösungen finden. Für uns selbst und andere. Probleme zu wälzen bringt selten weiter. Ich bin überzeugt: Über Schwierigkeiten soll man lange genug reden, um sie zu verstehen. Dann sollte man sich auf die Lösung konzentrieren. Je mehr man um ein Problem kreist, umso schwieriger wird es, eine Lösung zu finden.

Umgekehrt gilt: Je mehr man über die Lösung redet, desto näher kommt man ihr. Man kann sich überlegen: Mal angenommen, ich hätte das gelöst. Was wäre dann anders? Hat man ein klares Lösungsszenario vor Augen, kann man sich fragen: Wie habe ich das geschafft? Womöglich sieht man jetzt schon eine Lösung, wo vorher nur ein Berg von Problemen war.

Herausforderung

Es ist ein weitverbreiteter Irrtum, dass man eine Schwierigkeit in allen Details verstehen muss, um sie lösen zu können. Die Wahrheit ist: Komplexe Probleme erfordern nicht unbedingt komplexe Lösungen. Das bekannteste Beispiel hierfür ist die Geschichte von der Lösung des gordischen Knotens. Dabei handelte es sich um kunstvoll verknotete Seile, die einen Wagen mit einer Deichsel verbanden. Der Legende nach prophezeite ein Orakel, dass derjenige, der diesen Knoten lösen könne, die Herrschaft über Persien erringen werde. Viele kluge und starke Männer versuchten sich an dieser Aufgabe. Keinem gelang es, die Seile zu entwirren. Dann durchschlug Alexander der Große 334 v. Chr. den Knoten einfach mit seinem Schwert.

Heute bedeutet die Redewendung »einen gordischen Knoten lösen« die Überwindung eines Problems mit unkonventionellen Mitteln. Die Geschichte zeigt: Man kann Knoten durchschlagen, auch wenn man ihren Aufbau nicht unbedingt versteht. Die Lösung ist das Entscheidende, nicht der Aufbau des Problems.

Mit jeder Herausforderung, die man meistert, gewinnt man einen kleinen Schatz an Erfahrung, an neuen Erkenntnissen, was funktioniert und was auch nicht. Man gewinnt Sicherheit und Kompetenz. Den Schatz kann man für sich genießen und mit anderen teilen. Noch was: Herausforderungen muss man nicht alle auf einmal angehen, sondern eine nach der anderen. Selbst wenn es 20.000 sind. ■

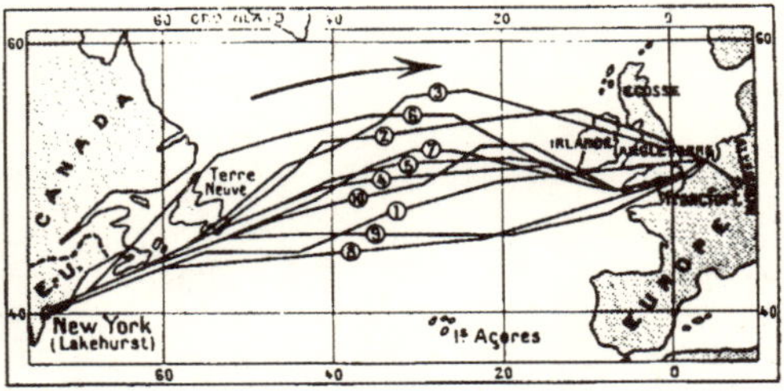

Praxistipps

- **Überlege:** Wann hast du einmal ein Problem gelöst, ohne es in seiner ganzen Komplexität verstanden zu haben?

- **Teste:** Wenn dir das nächste Mal jemand von einem Problem erzählt, frage: »Wie genau sähe es aus, wenn du es gelöst hättest? Was wäre dann anders?«

Buchtipps

- Kerstin Hack: *Power-Fragen. Impulse für Lösungen.* Down to Earth, 2006.

- Steve de Shazer: *Der Dreh.* Carl-Auer-Systeme Verlag, 2006.

Stürme

Die Stürme deiner Belastungen
treiben
die Gedanken
umher
erdrücken sie
in deinem Innersten
wirbeln deinen Lebensstaub auf

Die Stürme deiner Belastungen
legen in deinem Innersten
vielleicht
längst verdrängte
wertvolle
Gedanken
frei

Text: Margot Bickel

Intuition

Inneren Impulsen folgen

Der einzige Tyrann, den ich in dieser Welt anerkenne, ist die leise innere Stimme. —Mahatma Gandhi

■ Die Tulpen waren noch viel zu schön, um weggeworfen zu werden. Doch ich würde in einer Stunde abreisen. Was tun? Ich empfand den inneren Impuls: »Schenke sie der Nachbarin.« Also klopfte ich an ihre Tür, obwohl ich sie nicht kannte. Sie freute sich riesig. Wir hatten erst ein paar Worte über meinen Beruf als Autorin gewechselt, als sie mich plötzlich fragte: »Hast du auch etwas darüber geschrieben, wie man den Selbstmord von Angehörigen verkraftet? Ich habe vor sechs Monaten meinen Sohn verloren.«
Was für eine Frage! Nein, geschrieben habe ich darüber noch nicht, doch ich habe mich viel mit Trauer nach tragischen Verlusten beschäftigt. Ich erzählte ihr, was ich für hilfreich hielt. Sie fühlte sich verstanden. Am Ende fragte ich, ob ich sie umarmen darf. Als ich ihr später im Treppenhaus begegnete, zeigte sie auf ihre Kleidung. »Die Begegnung mit dir hat mir Kraft gegeben, mich endlich anzuziehen und nicht den ganzen Tag im Bademantel zu verbringen.«
Zufall? Vielleicht. Gottes Führung? Auch möglich. Intuition, die mir signalisiert hatte, dass die Frau, die ich durchs Fenster sah, etwas Ermutigendes braucht? Sicher auch.

Intuition

Wissenschaftler haben herausgefunden, dass unser Unterbewusstsein Zusammenhänge häufig sehr viel schneller erkennt als unser bewusstes Denken. Ihre Erkenntnisse sind so überzeugend, dass Betreiber von hochgefährlichen Anlagen führenden Mitarbeitern die Erlaubnis geben, eine Anlage herunterzufahren, wenn sie das Gefühl haben, dass etwas nicht stimmt. Ein befreundeter Arzt schickte eine Frau ins Krankenhaus, obwohl die Untersuchungsergebnisse keinen Anlass dazu lieferten. Er hatte nur das Gefühl »etwas stimmt nicht«. Die Frau hatte eine Lungenembolie und wäre vermutlich gestorben, wenn man sie nicht sofort behandelt hätte.

Intuitiv weiß man oft, was richtig ist. Intuition führt häufig zum Erfolg – wenn man es wagt, ihr zu folgen. Das ist meist nicht so einfach, da unsere Kultur uns beigebracht hat, objektiven Kriterien mehr zu vertrauen als dem berühmten »Bauchgefühl«. Doch der Bauch lügt selten. Wenn er grummelt oder jubelt, hat das meistens einen Grund. Auch wenn dieser Grund sich dem logischen Denken – noch – verschließt. Es lohnt sich, dem nachzuspüren. Man kann sich fragen: Was genau beunruhigt mich so? Wo spürt mein Bauch etwas, das ich bisher übersehen habe? Oder wenn man Chancen wittert, kann man sich fragen: Was wartet noch darauf, von mir entdeckt zu werden?

Manchmal ist es das Beste, der Intuition einfach zu folgen – vielleicht kann man dadurch jemandem Trost schenken. Mit ein paar Blumen und Worten. ■

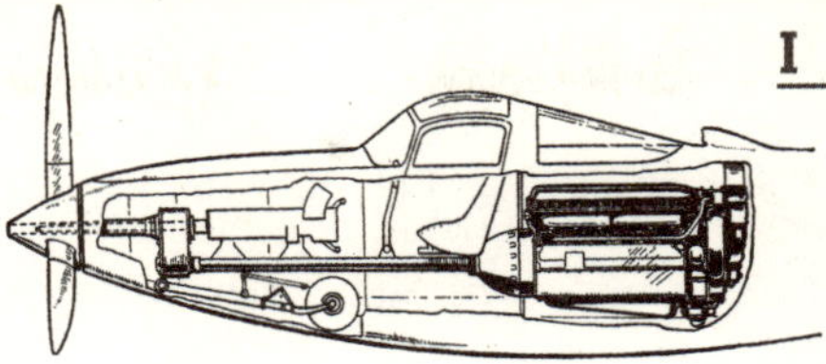

Praxistipps

- **Überlege:** Wann hast du es bereut, deiner Intuition nicht nachgegangen zu sein? In welchen Situationen hat es sich im Nachhinein als richtig erwiesen, ihr gefolgt zu sein?

- **Sensibilität trainieren:** Wie nimmst du intuitive Impulse am ehesten wahr? Im Kopf als Gedanken? Als Bauchgefühl? Übe, diese Impulse klarer wahrzunehmen.

Buchtipps

- Bas Kast: *Wie der Bauch dem Kopf beim Denken hilft. Die Kraft der Intuition*. Fischer Taschenbuch Verlag GmbH, 2009.

- Gert Gigerenzer: *Bauchentscheidungen. Die Intelligenz des Unbewussten und die Macht der Intuition*. Goldmann, 2008.

- Manfred & Ursula Schmidt: *Hörendes Gebet*. GGE, 2009.

Intuition

Bauchgefühl siegt über Berechnung

Experimente aus der Hirnforschung zeigen: Die besten Entscheidungen sind die, die intuitiv getroffen werden. Erstaunt zeigen sich Forscher darüber, wie präzise und erfolgreich solche Entschlüsse oft geraten. »Je komplexer eine Entscheidung, desto mehr sollte man seinem Unbewussten vertrauen«, hebt auch der niederländische Sozialpsychologe Ap Dijksterhuis hervor.
»Gute Intuition ignoriert Informationen«, sagt Professor Gerd Gigerenzer, Direktor am Berliner Max-Planck-Institut für Bildungsforschung. »Ich definiere Intuition durch drei Komponenten«, erläutert er. »Zum ersten ist sie ein Urteil, welches schnell im Bewusstsein ist. Es ist einfach da. Zum zweiten ist sie stark genug, um unser Handeln zu leiten. Zum dritten, und dies ist der wesentlichste Punkt, ist Intuition ein unbewusster Prozess.«
Die auf uns einströmenden Reize des Alltags sind mit elf Millionen Sinneseindrücken pro Minute zu überwältigend, um ganz erfasst zu werden. Nur rund 40 davon ist das Bewusstsein imstande gleichzeitig aufzunehmen. Der Rest prallt dennoch nicht an uns ab, sondern wird unterschwellig mitgeführt und als wertvoller Erfahrungsschatz im Unterbewussten gehortet, der intuitiv genutzt werden kann. (...)

Text: Jutta Beiner. Auszüge aus: Bauchgefühl siegt über Berechnung. Welt Online vom 09.09.2008.

Ja

Die Kunst, etwas anzunehmen und zu ändern

Gott, gib mir die Gelassenheit, Dinge hinzunehmen, die ich nicht ändern kann, den Mut, Dinge zu ändern, die ich ändern kann, und die Weisheit, das eine vom anderen zu unterscheiden. —Reinhold Niebuhr

■ »Es darf sein, was ist. Ich gestalte, was wird. Wer aus jeder Mücke einen Elefanten macht, braucht sich nicht zu wundern, wenn er bald von einer Elefantenherde überrannt wird.« Wie aus dem Nichts kamen diese Sätze. Ich hatte sie plötzlich im Kopf, als ich vor einigen Jahren mitten in der Nacht erwachte. Sie haben mich seitdem begleitet.

»Es darf sein, was ist.« Wer erfolgreich sein will, kann es sich nicht leisten, viel Zeit mit Grübeln zu verbringen. Wer ständig denkt: »Ach, hätte ich ..., ach, wäre doch ...«, raubt sich Energie. Viele Menschen stecken hier fest. Sie wünschen sich, das Leben wäre anders verlaufen. Sie hätten hier oder da anders entschieden. Die Welt, die Politiker, die Kirche, die Menschen wären anders, als sie sind. Sie denken über Nicht-Reales nach. So paradox es klingt: Akzeptanz ist die Voraussetzung für Veränderung. Wer akzeptiert, dass Dinge sind, wie sie sind, findet Ruhe. Er kämpft nicht mehr gegen die Realität, sondern stimmt mit ihr überein. Man muss den Zustand nicht gut finden – nur anerkennen, dass ist, was ist. Das stärkt.

»Ich gestalte, was wird.« Egal wie die Situation ist – man kann etwas verändern. Vielleicht nicht viel, aber etwas. Der Psychologe Viktor Frankl hat eindrücklich beschrieben, dass man in jeder Situation Gestaltungsraum hat – sogar im KZ. Er hat das erlebt. Häufig ist der Spielraum klein. Doch je mehr man ihn nutzt, umso mehr vergrößert man ihn. Es ist unmöglich, alles auf einmal anzugehen. So viel Kraft hat kein Mensch. Sinnvoller ist es, sich zu überlegen, welche Gegebenheiten man besonders gern verändern möchte und wie viel Energie das kosten wird.

»Wer aus jeder Mücke einen Elefanten macht, braucht sich nicht zu wundern, wenn er bald von einer Elefantenherde überrannt wird.« Es lohnt sich nicht, sich über alles aufzuregen. Warum auch? Der Bus kommt auch nicht schneller, wenn man lautstark über die Betreiberfirma meckert. Je mehr man den Blick auf die Dinge richtet, die nicht so sind, wie man sie gerade haben will, umso frustrierter wird man. Umso mehr scheint die Welt sich gegen einen verschworen zu haben. Manche Menschen werten jeden streikenden Motor und alle muffigen Mitarbeiter als persönlichen Angriff gegen sich selbst. Die Wahrheit ist: Dinge gehen kaputt. Und Menschen haben manchmal einen schlechten Tag. Mit einem selbst hat das nur selten direkt zu tun. Man lebt besser, wenn man gelassen akzeptiert, dass in dieser Welt nicht alles rund läuft. Und dort etwas ändert, wo man kann und möchte. Ja, das ist gut. ■

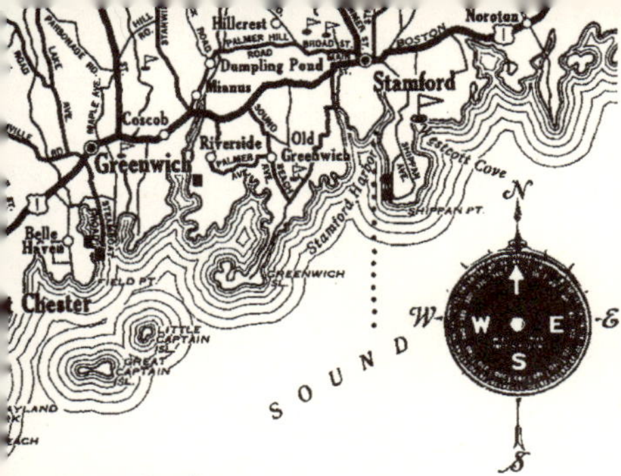

Praxistipp

- **Überlege:** Wo kämpfst du nach wie vor gegen die Realität an? Was würde dir dabei helfen, die Realität dessen, was gerade ist, anzuerkennen?

- **Trainiere:** Wenn dir etwas Unangenehmes passiert, dann überlege: Hat das tatsächlich etwas mit mir zu tun? Wenn nein: Lächle. Wenn ja: Versuche, es zu verändern.

Medientipps

- Viktor Frankl: *... trotzdem Ja zum Leben sagen. Ein Psychologe erlebt das Konzentrationslager.* Deutscher Taschenbuch Verlag, 1998.

- Film: *Die Zuflucht*. Regie: James F. Collier. World Wide Pictures, 1978.

Ein großes Ja

Ja
noch ein Ja
ein großes Ja zur Welt

Ja
noch ein Ja
ein liebes Ja zum Menschen

Ja
noch ein Ja
ein geduldiges Ja zu mir

Ja
zum Schmerz, zur Vergangenheit
zu meinem Erbe, zum Kreuz
zu dem, was ich nicht ändern kann
ein schmerzliches Ja

Ja
zur Freude
zum Sprießen
zu allem, was lebt
ein leidenschaftliches Ja

Text: Anton Rotzetter, aus: Du Atem meines Lebens. Ausgewählte Gebete. Herder, 2005.

Krisenzeiten

Wendepunkte im Leben

Krise kann ein produktiver Zustand sein. Man muss ihr nur den Beigeschmack der Katastrophe nehmen. —Max Frisch

■ Wir sind gerne erfolgreich und glücklich. Es ist schön, wenn uns Dinge gelingen, wir Ziele erreichen und unsere Wünsche in Erfüllung gehen.

Doch wir erleben auch die andere Seite des Lebens: Manches misslingt, einige Ziele erreichen wir nie, Schicksalsschläge treffen uns und Träume gehen nicht in Erfüllung. Wenn die Dinge sich nicht so entwickeln, wie wir es erwartet haben, erleben wir das als Krise.

Das Wort »Krise« kommt vom griechischen *krísis* und bedeutet »Meinung, Beurteilung, Entscheidung«. Im deutschen Sprachgebrauch bezeichnet es die Zuspitzung einer Situation, den Wendepunkt, der immer auch mit einer Entscheidung verknüpft ist.

Jede Krise offenbart etwas über dich und deine Denk- und Handlungsmuster. Sie macht klar: Etwas, was ich bisher tat und dachte, funktioniert nicht (mehr). Damit stellt sie dir die Frage: Will ich weiter so denken und handeln? So bietet jede Krise dir die Chance, dein Leben in Bereichen, die du beeinflussen kannst, anders und besser zu gestalten. Auch deshalb empfinden viele Menschen im Rückblick Krisen als die eigentlichen Höhepunkte ihres Lebens.

Krisenzeiten

Wir haben unterschiedliche Strategien, mit Krisen und Misserfolgen umzugehen. Manche, wie etwa das Verdrängen, erleichtern uns kurzfristig. Nachhaltig verbessern werden sie unser Leben aber kaum. Auch Grübeln gehört zu den wenig hilfreichen Strategien. In Krisen denken wir häufig viel darüber nach, was geschehen hätte können, wenn alles anders gewesen wäre. »Wenn ich das nicht gesagt oder getan hätte, dann...« Das bringt nicht weiter. Im Gegenteil: Diese Gedankenschleifen führen dazu, dass wir uns noch hilfloser und ausgelieferter fühlen. Denn waren wir schon in der Situation überfordert, sind wir es beim Nachdenken darüber noch mehr. Etwas Geschehenes ungeschehen machen – das kann niemand.
Es gehört zum Schwersten in Krisen, das anzunehmen, was war. Es ist jedoch eine wesentliche Voraussetzung dafür, die Zukunft gestalten zu können. Jede Krise bietet die Chance, zu entdecken, was zählt und wichtig ist. Viele Menschen finden sich in Krisen selbst neu. Andere suchen nach dem Sinn ihres Seins. Sinn finden wir, wenn wir uns als zu etwas zugehörig empfinden, das über uns hinausgeht. Das kann eine Familie oder Gruppe sein, eine Organisation oder eine Glaubensgemeinschaft. Es beglückt, sich mit anderen für etwas einzusetzen. Sinn entsteht auch durch das Vertrauen, in dieser Welt nicht allein zu sein, und den Glauben, dass ein liebevoller Gott über unserem Leben wacht. Betend kann man staunen über das, was man entdeckt. Das kann viel Sinn machen. ■

Praxistipps

- **Überlege:** Welche Lebenskrise hat dich im Rückblick sehr viel weiter gebracht? Was genau hat zu dem positiven Effekt beigetragen?
- **Frage dich:** Wie reagierst du normalerweise in Krisen? Ist das hilfreich? Wenn nicht, wie könntest du es verändern?
- **Kommunikation:** Sprich mit Menschen über Krisen, die sie überstanden haben, und was ihnen dabei half.

Buchtipps

- Kerstin Hack. *Krisen. Impulse, schwierige Zeiten zu bewältigen*. Down to Earth, 2008.
- Markus Hofmann: *Krisenfest. Impulse, Schwierigkeiten zu bestehen*. Down to Earth, 2011.
- Manfred Prior: *MiniMax-Interventionen. 15 minimale Interventionen mit maximaler Wirkung*. Carl-Auer-Systeme Verlag, 2009.

Die Legende von der Palme

Am Rande einer Oase stand eine kleine, junge Palme. Sie war so zart und liebreizend, dass jeder, der vorbeikam, stehen blieb und sie mit Freude betrachtete. Eines Tages kam ein böser Mann vorbei, der hegte gegen alles Schöne und Gute einen tiefen Groll. Er sah die Palme und er ärgerte sich so ob ihrer Lieblichkeit, dass er einen schweren Stein in ihre Krone legte. Die Palme war schockiert. Der Druck des Steines tat ihr sehr weh. Beinahe wäre sie zugrunde gegangen. Da spürte sie in der Tiefe das Wasser, das ihren Schmerz etwas kühlte, und die Sonne trocknete ihre Tränen. Doch es kamen Zeiten, wo es wenig Wasser und Sonne gab. Oft wünschte sie sich den Tod. Doch in den dunkelsten Nächten dachte sie an die Kraft der Sonne und an das lebendige Wasser und die Hoffnung stärkte ihr Herz. Über die Jahre wurde aus der zarten Palme der größte, stärkste und schönste Baum der ganzen Oase. Wiederum blieben die Vorbeikommenden stehen, freuten und stärkten sich an ihr. Die Früchte, die durch Not, Schmerz und Hingabe gewachsen waren, zeigte sie der Sonne. Die Sonne berührte sie und wandelte die harten, unreifen Früchte zu reifen, guten Früchten um. Die schenkte die Palme allen, die sie brauchten. Nach 30 Jahren kam der böse Mann wieder vorbei. Er blieb erstaunt vor der Palme stehen. Die Palme neigte ihr Haupt und sprach: »Ich danke dir, dass du mir diesen schweren Stein in die Krone gelegt hast. Ohne ihn wäre ich nicht zu dem geworden, was ich heute bin«.

Lernen

Ein Leben lang

Der, die, das! Wer, wie, was? Wieso, weshalb, warum? – Wer nicht fragt, bleibt dumm. —Lied aus einer Kindersendung

■ Latein lag mir nicht besonders. Ich sah wenig Sinn darin, mir Vokabeln und Konjugationen anzueignen, auch wenn mein Vater immer wieder betonte: »Wer Latein beherrscht, kann sich andere Sprachen leichter erschließen.« Ich erlebte das eher umgekehrt. In Lateinklausuren fiel mir öfter auf, dass ich Vokabeln aus dem Englischen oder Französischen kannte. Genützt hat mir Latein trotzdem. In ganz anderer Weise. Am Tag vor Klausuren gab unser Lehrer stets die Vokabeln bekannt, die wir noch nicht kannten, damit wir sie uns noch einprägen konnten. Ich machte mich auf die Suche nach Stellen in lateinischen Texten, in denen diese Vokabeln geballt vorkamen. Und bat anschließend meinen Vater, mir beim Verständnis dieser Texte zu helfen. Mit Erfolg. In mehr als 50% der Fälle fand ich den Text schon am Vortag heraus und konnte mich gut vorbereiten. Diese Lernerfahrung nützt mir bis heute. Ich kann zwar kaum noch Latein, aber ich besitze die Fähigkeit, Texte sehr schnell zu überfliegen und dennoch die Worte zu finden, nach denen ich Ausschau halte. Ich habe fürs Leben gelernt, wenn auch etwas anders, als meine Lehrer und meine Eltern sich das dachten.

Lernen

Sich neue Dinge anzueignen ist eine Grundvoraussetzung für Erfolg. Jede Fähigkeit erweitert die Möglichkeiten. Wer nur Deutsch spricht, kann nur mit Menschen kommunizieren, die es ebenfalls sprechen. Wer am PC nur Grundkenntnisse beherrscht, wird oft an seine Grenzen stoßen. Grenzen sind Hinweise: »Hier kommst du (bisher) nicht weiter.« Wenn wir die bisherigen Grenzen erweitern, eröffnen sich uns neue Möglichkeiten – privat und beruflich.
Es ist manchmal begeisternd, aber oft auch mühsam, etwas neu zu lernen. Egal ob es sich um eine Sprache, die Einarbeitung in ein Programm oder neue Bewegungsabläufe handelt. Doch mit den neuen Möglichkeiten wächst Sicherheit und Lebensfreude.
Das hat damit zu tun, dass jede neue Fähigkeit unsere Freiheit vergrößert. Ein neugeborenes Baby hat nur wenige Freiheiten. Es ist abhängig davon, dass andere es füttern, anziehen, transportieren und versorgen. Wer nur wenige Möglichkeiten zur Verfügung hat, kann kaum wählen. Wer hingegen über viele Möglichkeiten verfügt, kann in größerer Freiheit handeln. Deshalb ist die Erweiterung der eigenen Fähigkeiten immer Zugewinn an Freiheit und Lebensfreude. Was du lernen willst, kannst du frei wählen: Kochen, Tanzen, Computerkenntnisse oder Kommunikation – die Welt steht dir offen.
Es lohnt sich, zu lernen. Es nützt tatsächlich etwas im Leben. Quod erat demonstrandum. Wie zu beweisen war. ■

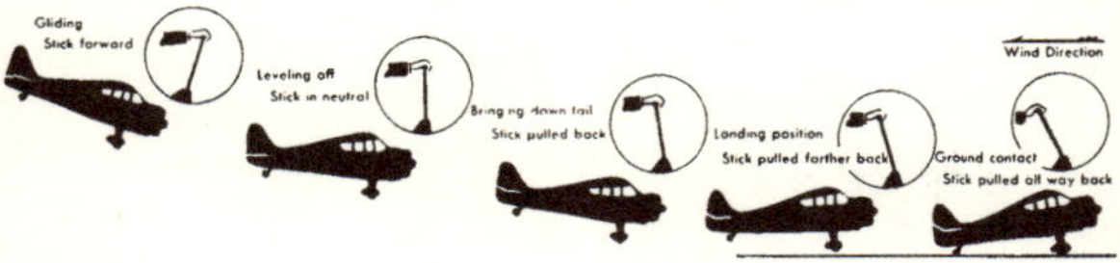

Praxistipp

- **Überlege:** Welche Fähigkeit würde dich weiterbringen? Wie kannst du das ganz praktisch angehen? Was wäre der erste Schritt?

- **Praktisch:** Probiere heute etwas Neues aus: ein Kochrezept, ein Computerprogramm, einen Bewegungsablauf oder ... oder ... oder ...

Buchtipps

- Fritz Jansen: *Positiv lernen*. Springer, 2008.

- Torsten Huith: *Kreativität entwickeln. Potentiale entdecken und entfalten*. Down to Earth, 2011.

Lernen

Gedanken zum Lernen

Wer aufhört zu lernen, ist alt. Er mag zwanzig oder achtzig sein.
—Henry Ford

Sobald jemand in einer Sache Meister geworden ist, sollte er in einer neuen Sache Schüler werden.
—Gerhart Hauptmann

Es schadet im Leben nicht, wenn man mehr zu Ende gemacht hat als die Fahrschule.
—Guido Westerwelle

Ich lerne vom Leben. Ich lerne, solange ich lebe. So lerne ich noch heute.
—Otto von Bismarck

Ich möchte mich lernend verändern. Ich möchte gerne etwas weniger blöd sterben, als ich geboren bin.
—André Heller

Wenn es eine hervorstechende Eigenschaft unter seinen vielen Fähigkeiten gab, so war es seine immerwährende Bereitschaft zu lernen.
—Theodore C. Sorensen, Assistent und Redenschreiber von John F. Kennedy

Multiplikation

Aus wenig viel machen

Am besten nützen wir uns selbst, wenn wir anderen Gutes tun; die richtige Art zu sammeln ist auszuteilen. —Seneca

■ Es ist eine meiner Lieblingsgeschichten. Vielleicht weil sie so frech ist. Da hat ein Mann eine Begegnung mit dem Allerhöchsten. Gott selbst taucht bei ihm auf und verspricht ihm Segen und Reichtum. Wie reagiert er? Statt artig »Danke« zu sagen, weist er auf einen entscheidenden Mangel hin: »Ach Herr, mein Gott, was willst du mir denn schon geben? Ich habe keinen Sohn. Ohne einen Nachkommen sind alle deine Geschenke wertlos!«

In anderen Worten: Wenn die Möglichkeit fehlt, eigenen Reichtum mit anderen zu teilen und weiterzugeben, verliert er seinen Wert. Es gehört schon einiges an Mut dazu, Gottes großzügige Geschenke und seinen Segen als wertlos zu bezeichnen. Doch es liegt etwas Wahres darin: Materielle und immaterielle Reichtümer haben weniger Wert, wenn man sie nicht weitergeben kann.

Dieses Weitergeben kann in Form von biologischer Elternschaft ausgelebt werden, aber auch indem man Mitarbeiter befähigt oder als Mentor jüngere Menschen fördert. Man kann Materielles verschenken und Wissen durch die unterschiedlichsten Publikationskanäle weitergeben.

Multiplikation

Es ist zutiefst befriedigend, wenn man erlebt, dass Ideen, Gedanken oder Prozesse, die man entwickelt hat, sich vermehren. Mich macht es glücklich, wenn mir jemand erzählt, dass er etwas von mir gelernt hat. Und noch glücklicher, wenn er die neuen Erkenntnisse auch an andere weitergibt. Ideenklau – was soll's? Ich habe ja auch vieles von dem, was ich weiß und kann, von anderen gelernt.
Dieses Bedürfnis, die Dinge zu multiplizieren, die man weiß und erfahren hat, steckt in jedem Menschen. Dort, wo dieses Bedürfnis, etwas von dem Leben, das man in sich trägt, weitergeben zu können, nicht erfüllt wird, verkümmert der Mensch innerlich – selbst wenn er in materieller Hinsicht alles hat, was man sich wünschen kann.
Multiplikation hat im Kern immer etwas mit Teilen zu tun. Um Leben zu multiplizieren, muss man es teilen. Das gilt für das biologische Leben ebenso wie für den geistigen und geistlichen Bereich. Man teilt einem anderen Menschen das mit, was man kann und weiß und im eigenen Leben umsetzt.
Multiplikation hat mehr Dynamik als Addition. Der Schöpfer hat das Potential zur Multiplikation in jede Pflanze und jeden Menschen hineingelegt. Er gab der ganzen Schöpfung den einen Auftrag: sich zu vermehren (Genesis 1,22). Und es geschieht: Alles, was lebendig ist, multipliziert sich und produziert neues Leben, das wiederum in sich die Fähigkeit trägt, erneut Leben hervorzubringen. ■

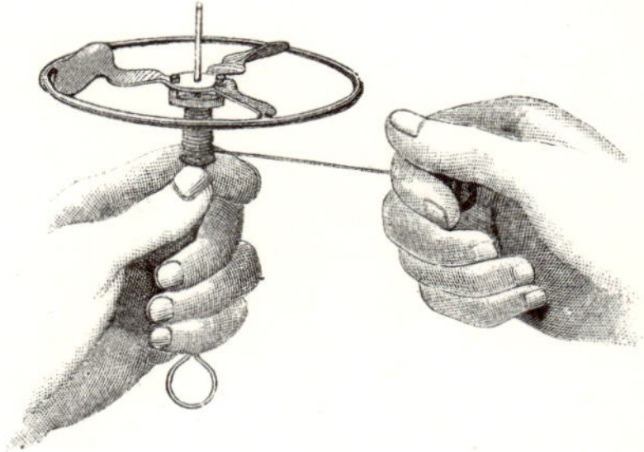

Praxistipp

- **Überlege:** Welche Menschen haben ihre Zeit und Fähigkeiten in dich investiert und so zu dem beigetragen, was du jetzt bist und kannst?

- **Aktiv werden:** Welche Kenntnisse, Gaben und Potentiale könntest du an andere weitergeben, um ihnen zu nutzen? Und wie? Wo tust du es bereits?

Medientipps

- www.meshing.it – Plattform, auf der Projekte vorgestellt werden, die auf Teilen und gemeinsamem Nutzen basieren.

- www.betterplace.org – Community, die gemeinsam Hilfsprojekte entwickelt und finanziert.

Multiplikation

Der Traum

Eine Frau träumte, sie beträte einen ganz neuen Laden am Markt, und zu ihrem Erstaunen stand Gott hinter dem Ladentisch.

»Was verkaufst du hier?«, fragte sie.
»Alles, was dein Herz begehrt«, sagte Gott.
Die Frau wagte kaum zu glauben, was sie hörte, beschloss aber, das Beste zu verlangen, was ein Mensch sich nur wünschen konnte.
»Ich möchte Frieden für meine Seele und Liebe und Glück, und weise möchte ich sein und nie mehr Angst haben«, sagte sie. Nach kurzem Nachdenken fügte sie hinzu: »Nicht nur für mich, sondern für alle Menschen auf der Erde.«

Gott lächelte: «Ich glaube, du hast mich falsch verstanden, meine Liebe«, sagte er, »wir verkaufen hier keine Früchte, nur die Samen.«

Text: Anthony de Mello, aus: Wo das Glück zu finden ist. Herder, 2000.

Nein

Die Kunst, Grenzen zu ziehen und zu schützen

Ja sagen verlangt mitunter Courage,
Nein sagen immer Stärke. —Kurt Haberstich

■ »Ich hasse es, wenn Besucher ungefragt an meinen Kühlschrank gehen«, sagte eine Freundin. »Oh, ich finde das ganz angenehm. Ich mag nicht, wenn sie erwarten, dass ich sie bediene«, antwortete ich.
Menschen setzen Grenzen unterschiedlich. Für den einen ist der Griff an den Kühlschrank oder den Teekocher ein unangemessenes Verhalten. Für den anderen ist die gleiche Handlungsweise durchaus akzeptabel oder sogar angenehm.
Es gibt in jeder Kultur allgemeine Grenzen. Etwa die Zehn Gebote. Stehlen, Lügen, dem anderen den Partner ausspannen usw. halten die meisten Menschen für unangemessen. Zumindest bei anderen. Bei sich selbst setzt man die Grenzpflöcke dann oft etwas großzügiger: Ungenauigkeiten bei der Steuererklärung oder ein bisschen Flirten erlaubt man sich selbst eher als anderen.
Dennoch: Es gibt allgemeine Grenzen, die innerhalb einer Kultur von den meisten Menschen anerkannt werden. Das ist hilfreich, weil es das Zusammenleben wesentlich vereinfacht. Man kann davon ausgehen, dass die Menschen, mit denen man im Alltag zu tun hat, diese Grenzen kennen und akzeptieren.

Persönliche Grenzen sind individuell verschieden. Was für den einen inakzeptabel ist, ist für den anderen durchaus okay. Das Verrückte ist: Wir denken oft, die anderen müssten doch wissen, wo unsere Grenzen liegen. Und reagieren empört, wenn sie etwas tun, was wir nicht wollen. Häufig unterstellen wir ihnen dann auch, dass sie es absichtlich tun.

Wenn derartige Grenzüberschreitungen mehrfach vorkommen, ziehen wir innerlich Mauern hoch und wenden uns von den Menschen ab, die sich so verhalten. Das ist unnötig. Die meisten Grenzüberschreitungen geschehen unabsichtlich, weil andere nicht wussten, wo genau unsere persönlichen Grenzen sind.

Der Coach Talane Miedaner empfiehlt ein effektiveres, verbindenderes Vorgehen, als zu »mauern«, wenn Menschen Grenzen überschreiten. Ein erster Schritt kann sein, die andere Person liebenswürdig darauf aufmerksam zu machen, dass sie Grenzen überschritten hat. Am besten in Form einer Frage: »Ist dir aufgefallen, dass du gerade sehr laut geworden bist?« Häufig genügt das schon, um Grenzen deutlich zu markieren. Nützt es nichts, kann man eine Bitte formulieren: »Bitte frage mich das nächste Mal, bevor du dir etwas aus dem Kühlschrank nimmst.« Hilft das auch nicht, wäre der nächste Schritt eine klare, bestimmte Forderung: »Ich bestehe darauf, dass du von meinem Platz aufstehst.« Hilft selbst das nicht, wäre der letzte Schritt, sich zu entfernen. »Ich kann das Gespräch nicht mehr fortsetzen, wenn du so schreist. Ich gehe jetzt.« ■

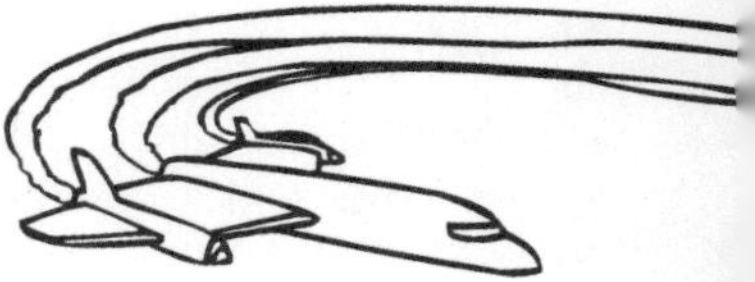

Praxistipps

- **Überlege:** Was sind die Grenzen, die dir am wichtigsten sind? Welche Grenzen sollte niemand überschreiten? Wähle aus den Grenz-Sätzen auf der nächsten Seite zehn aus oder formuliere eigene.

- **Übe:** Beobachte, wo Menschen deine Grenzen verletzen, und teile ihnen das klar, aber warmherzig mit.

Buchtipps

- Henry Cloud & John Townsend: *Nein sagen ohne Schuldgefühle.* SCM Hänssler, 2008 (12. Auflage).

- Talane Miedaner: *Coach dich selbst, sonst liebt dich keiner.* MVG Verlag, 2009.

Mögliche Grenz-Sätze

Als Inspiration für die Formulierung eigener Sätze

- Kein Mensch darf mich ohne Einwilligung berühren.
- Niemand darf mich unterbrechen, wenn ich spreche.
- Keiner darf mich anschreien.
- Ich lasse mich von niemandem schlagen.
- Niemand darf mich herumkommandieren.
- Niemand darf meine Zeit verschwenden.
- Niemand darf mich stören, wenn ich gerade ...
- Kein Mensch darf mich anmeckern.
- Niemand darf meine Dinge ungefragt nehmen.
- Niemand darf über mich oder andere Menschen in meiner Gegenwart schlecht reden.
- Niemand darf in meiner Umgebung rauchen/trinken.
- Keiner darf mir die Unwahrheit sagen.
- Niemand darf Ärger über andere an mir auslassen.
- Andere Menschen dürfen mich nicht ausnutzen.
- Ich lasse mich von niemandem ignorieren.
- Keiner darf mich ungerecht oder gemein behandeln.
- Ich lasse mir von niemandem Verantwortung oder Arbeit aufbürden, für die er selbst verantwortlich ist.
- Menschen dürfen nicht streiten, wenn ich dabei bin.
- Niemand darf mich schlechtmachen – in meiner Gegenwart oder Abwesenheit.
- Niemand darf mir – ohne meine Einwilligung – seine Lasten und Probleme aufbürden.

Text: Kerstin Hack, inspiriert von: Talane Miedaner (s. S. 81)

Ordnung und Organisation

Die Dinge und Tätigkeiten im Griff haben

Es gibt keine Zeitprobleme, sondern nur Prioritätenprobleme. —Lothar Seiwert

■ Irgendwo las ich: Der durchschnittliche Angestellte verbringt pro Arbeitstag eine ganze Stunde damit, Dinge zu suchen. Unterlagen ebenso wie Dateien und E-Mails oder die berühmten Schlüssel. Wo waren die doch gerade noch mal? Man verliert Zeit beim Suchen – das können sich Menschen, die erfolgreich sein möchten, nicht leisten.
Manch einer behauptet, nur im Chaos zu kreativen Höchstleistungen fähig zu sein – die Wahrheit sieht anders aus. Unordnung belastet. Das Bewusstsein blendet das Chaos aus. Irgendwann nehmen wir die Zettel, Zeitschriften- und Bücherstapel, Kleiderberge, das schmutzige Geschirr und all die anderen Dinge nicht mehr bewusst wahr. Doch sie signalisieren uns: »Du hast das Leben nicht im Griff.«
Das Unterbewusstsein registriert das Chaos und reagiert mit Vorwürfen: »Du solltest endlich ...!«, »Du müsstest aber ...!« Im schlimmsten Fall kann das alltägliche Chaos zu Depressionen führen, weil das Gefühl, die Dinge nicht mehr im Griff zu haben, überhandnimmt. Da hilft nur eine Radikalkur – aufräumen, rausschmeißen, wegwerfen, wegsortieren. Die wiederhergestellte Struktur gibt sofort neue Kraft.

Ordnung und Organisation

Immer wieder Radikalkur – das kann man sich sparen, wenn man ein gutes Ordnungssystem geschaffen hat und alle Dinge ihren Platz haben. Wenn man nicht überlegen muss, wo man etwas hintun kann, sondern es automatisch weiß. Das entlastet.

Natürlich nur, wenn man es umsetzt. Die meisten Organisationsexperten empfehlen, Dinge gar nicht erst auf Stapel zu legen, sondern alles, was man in weniger als zwei Minuten erledigen oder wegsortieren kann, gleich zu tun. Und auf den anderen Unterlagen eine Notiz anzubringen, was als nächstes damit zu tun ist. Das spart, wenn man die Unterlagen wieder in die Hand nimmt, Lese- und Nachdenkzeit.

Zugegeben: Es kostet ein Stück Mühe und Disziplin, sich einen solchen Arbeitsstil anzugewöhnen. Doch es entlastet ungemein und schenkt große Klarheit.

Arbeit wächst irgendwie stets von selbst und hört nicht auf. Andere Menschen wollen etwas von uns, schicken uns Infos, haben bestimmte Erwartungen. Der effektivste Zeitspartipp lautet deshalb: Bei jeder Tätigkeit erst einmal überlegen, ob man sie tatsächlich tun muss. »Brauche ich diese Info wirklich?«, »Muss ich das lesen?«, »Kann ich diese Aufgabe eventuell abgeben?« Viele Dinge tun wir nur, weil wir uns dazu verpflichtet fühlen, nicht weil sie uns entsprechen oder liegen. Wer hier Klarheit hat: »Das will ich wirklich tun«, findet auch leichter Wege, es effizient auszuführen. Und das Chaos um sich herum zu vermeiden. Zumindest immer öfter. ■

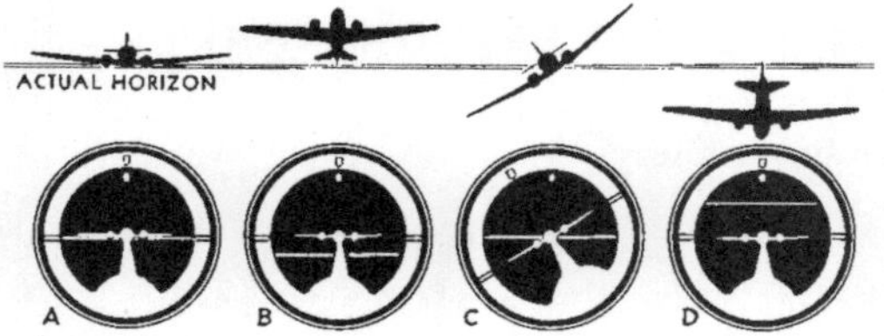

Praxistipps

- **Überlege:** Mache eine Liste mit allen Sachen, die du tun musst, und frage dich: »Muss ich das wirklich tun?« Streiche die Dinge, die du nicht tun musst oder willst.

- **Eins rein, drei raus:** Immer dann, wenn du etwas ablegst, sieh nach, ob du an der gleichen Stelle drei Sachen entfernen kannst, die du nicht mehr brauchst.

- **Aufräum-Party:** Mit anderen Ausmisten ist effizienter. Sie sind häufig »brutaler« und helfen dir, dich von unnötigem Ballast zu befreien.

Buchtipps

- Jürgen Kunz: *Für immer aufgeräumt*. Gabal Verlag, 2008.

- Christoph Schalk & Kerstin Hack: *Arbeitsorganisation. Die Dinge gut geregelt kriegen*. Down to Earth, 2011.

Ordnung und Organisation

Über die Ordnung

Da wächst der Wein, wo's Faß ist,
es regnet gern, wo's naß ist,
zu Tauben fliegt die Taube,
zur Mutter paßt die Schraube,
der Stöpsel sucht die Flaschen,
die Zehrung Reisetaschen,
weil alles, was sich rühret,
am Schluß doch harmonieret.

Text: Johann Wolfgang von Goethe

Prioritäten

Das Wichtigste zuerst

Alles auf einmal tun wollen, zerstört alles auf einmal.
—Georg C. Lichtenberg

■ Morgens am Fenster gewinne ich Perspektive. Oder erinnere mich an die Perspektive, die ich habe: Mit dem, was ich tue, möchte ich Schönheit und Inspiration in das Leben von Menschen bringen. Ich möchte sie dabei unterstützen, dass ihr Leben gut gelingt. Ich erlebe den Arbeitstag anders, wenn ich mir zu Beginn mein Ziel bewusst gemacht habe. Nicht nur die Projektziele für die acht Arbeitsstunden, sondern das große Ziel, für das ich tue, was ich tue. Ich wünsche mir, dass Menschen sagen können: »Durch das, was Kerstin weitergegeben hat, ist mein Leben besser und sinnvoller geworden.«
Anders sehen meine Tage aus, wenn ich mich gleich an den Computer stürze und von all dem überwältigen lasse, was auf mich einstürmt: Anfragen, Projekte und Aufgaben. Wenn ich mir morgens die Zeit nehme, mich an meine Perspektive zu erinnern, wird die Arbeit leider nicht automatisch weniger. Aber ich weiß, wieso ich sie tue. Die Perspektive gibt mir Sinn. Meinen Sinn. Für einen Landwirt, eine Architektin, einen Professor oder eine Mutter wird die Zielbeschreibung anders sein als für mich. Doch der klare Blick auf das tieferliegende Ziel gibt Kraft.

Prioritäten

Von dem Berater Stephen Covey stammt ein anschauliches Bild. Den Teilnehmern seiner Seminare gab er die Aufgabe, Sand, kleine Kiesel und große Steine in ein Gefäß zu füllen. Der Trick dabei: Wenn man zuerst die großen Brocken in das Gefäß tat, dann konnte man später die kleineren Kiesel und den Sand in die Zwischenräume füllen. Ging man umgekehrt vor, passten die großen Brocken am Ende nicht mehr in das Gefäß.

Covey vergleicht das mit unseren Prioritäten. Wer sein Leben erfolgreich und sinnvoll leben will, tut gut dran, dafür zu sorgen, dass die wichtigsten Dinge Priorität haben. Das kann zum Beispiel die körperliche Fitness, Weiterbildung oder die Pflege von wichtigen Beziehungen sein. Erst dann kommen die nächstwichtigen Dinge, wie z.B. berufliche Verpflichtungen oder Ehrenämter. Schließlich dann der ganze Rest, der um unsere Aufmerksamkeit buhlt. Menschen, die nicht auf diese Reihenfolge achten, werden immer wieder erleben, dass der »Kleinkram«, wie z.B. E-Mails, ihre ganze Zeit frisst und die Zeit für Wichtiges, wie Projektplanung, und ganz Wichtiges, wie Familie, immer zu kurz kommt.

Es ist daher sinnvoll, sich erst auf die große Perspektive auszurichten und sich dann auf die wichtigsten Dinge zu konzentrieren. Der Rest kann anschließend erledigt werden. Oft haben wir sogar mehr Kraft für den Kleinkram, wenn wir schon Wichtiges erledigt haben. Auch eine schöne Perspektive. ■

Praxistipps

- **Überlege:** Welche fünf Dinge in deinem Leben sind dir am wichtigsten? Wie kannst du dafür sorgen, dass sie den Raum haben, den sie brauchen?

- **Unterstützung:** Erzähle jemandem, dem du vertraust, von deinen Prioritäten. Bitte ihn, dich in bestimmten Abständen zu fragen, wie gut du sie umsetzt.

- **Übe:** Gewöhne dir an, zu Arbeitsbeginn zuerst die wichtigsten Dinge zu tun. Am besten, du schreibst dir am Tag vorher eine Liste.

Buchtipps

- Stephen R. Covey: *Der Weg zum Wesentlichen. Zeitmanagement der vierten Generation.* Campus, 2007.

- Christoph Schalk: *Weisheit entwickeln. Krisen meistern und belastbar werden.* Down to Earth, 2010.

Prioritäten

Sortieren

Ich werfe
jeden Tag mehr
auf den Scheiterhaufen
des Unwesentlichen.

Das Schöne bei diesem Tun ist,
dass das Wesentliche dabei
nicht kleiner,
enger wird,
sondern gerade mächtiger
und großartiger.

Text: Franz Marc

Querdenken

Langweilig können auch die anderen sein

Was wir brauchen, sind ein paar verrückte Leute; seht euch an, wohin uns die Normalen gebracht haben!
—George Bernard Shaw

■ Geschenkbücher sind schön aufgemacht, aber meist ohne wirklich gehaltvollen Inhalt. Wichtige Informationen zu bestimmten Themen sind schwarzweiß und langweilig gestaltet. Wer sagt, dass es so am besten ist? Was wäre, wenn man es ganz anders macht?

Menschen, die den Status Quo nicht als gegeben hinnehmen, sondern querdenken und nach neuen Wegen suchen, kommen weiter. Manchmal genügt hierzu schon ein Stück Muße – ausreichend unverplante Zeit und schon fließen die Gedanken wie von selbst. Zu anderen Zeiten ist die Inspiration durch andere erforderlich, damit Ideen entstehen. Das kann beim Lesen eines guten Buches geschehen oder einem Museumsbesuch oder in der direkten Begegnung mit kreativen Menschen. Dann fallen einem plötzlich Lösungen für Fragestellungen ein – oft auch ohne dass man direkt daran gedacht hat. Das liegt daran, dass das Gehirn ungelöste Fragen speichert. Wenn es neue Informationen bekommt oder auch einfach nur die Zeit zum Verarbeiten hat, spuckt es plötzlich, wie aus dem Nichts, Lösungen aus. Wie wunderbar.

Zu anderen Zeiten sucht man ganz gezielt nach Lösungen. Man setzt sich vielleicht im Team zusammen und überlegt: »Wer hat eine Idee?« Manchmal klappt es, doch häufig sind die Ergebnisse von solchen unstrukturierten Sitzungen eher unbefriedigend. Das hat damit zu tun, dass dem Gehirn die Orientierung fehlt. »Lasst euch eine neue Idee für ein Produkt einfallen!«, reicht den meisten Menschen als Anweisung, in welche Richtung man denken soll, noch nicht aus. Das Gehirn ist ohne Richtung, überfordert und schaltet ab. Das Ergebnis: Es kommen höchstens die gleichen langweiligen Ideen wie immer. Im schlimmsten Fall sind die Menschen, die mitmachen, von dem Prozess genervt oder gelangweilt.
Erfolgversprechender ist es, wenn man den Rahmen enger steckt. Dann stehen die Chancen höher, kreative und konstruktive Ideen zu finden. »Überlegt, was ihr als Kind geliebt habt – und wie man daraus ein Produkt für Erwachsene machen kann!« Oder: »Wofür kann man ein Tablett noch nutzen, außer zum Transportieren von Speisen?« Wer so fragt, hat mehr Spaß und entwickelt konkretere Ideen. Wer will, kann das noch intensivieren, indem er mehrere Gruppen Ideen entwickeln und gegeneinander antreten lässt. Ideal sind Gruppen mit 4-5 Personen. So haben sie genug kreatives Potential und jeder kann zu Wort kommen. Wer gerade alleine ist, kann auch sein Morgen-Ich gegen sein Nachmittags-Ich antreten lassen. Okay, ich gebe zu: Das ist nun wirklich etwas quergedacht. ■

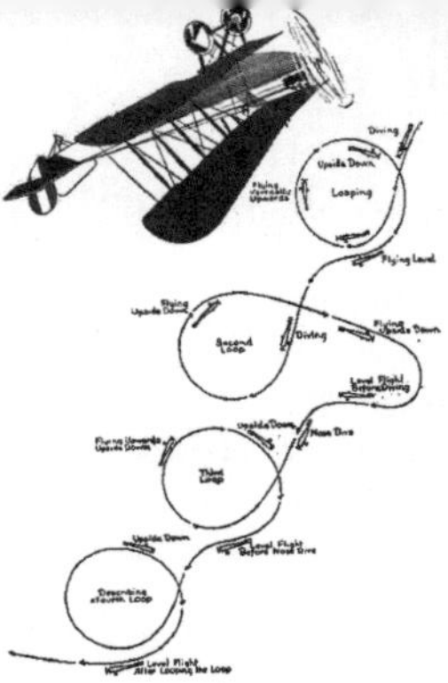

Praxistipps

- **Überlege:** Welche Fragen könnten dir helfen, um in eine ganz neue Richtung zu denken?

- **Übe:** Nimm eine Frage, die dir sinnvoll erscheint, und suche mit anderen nach einer Antwort.

- **Liste:** Schreibe dir 40 Möglichkeiten auf, was du anders tun könntest, als bisher. Einfach alles, was dir einfällt. Werte die Ideen erst später aus.

Buchtipps

- *Quantensprünge. 100 große Wissenschaftler und ihre Ideen*. Gondrom, 2005.

- Torsten Huith: *Kreativ leben. Impulse für außergewöhnliches Handeln*. Down to Earth, 2009.

Ein paar Querdenker-Fragen

- Wer nutzt eine bestimmte Sache ganz ungewöhnlich?
- Wie könnten wir die Dinge effizienter machen und trotzdem weitgehend das Gleiche erreichen?
- Stell dir vor, du könntest die Sache/Situation schlimmer machen, als sie jetzt ist – was müsstest du tun?
- Was könnten wir verbessern, wenn wir genauer wüssten, was die Zielgruppe braucht?
- Wie würde der klügste Mensch der Welt es lösen?
- Was müsstest du tun, um zu verhindern, dass du eine Lösung findest?
- Wer könnte den größten Nutzen davon haben, wenn du etwas anders machst als bisher?
- Stell dir vor, dein Problem wäre ein wildes Tier. Was könntest du tun, um es zu zähmen?
- Wo hat jemand ähnliche Probleme schon gut gelöst?
- Mal angenommen, du hättest die Schwierigkeit schon bewältigt– wie hast du das wohl gemacht?
- Stell dir vor, du hättest unbegrenzte Möglichkeiten – was genau würdest du als Erstes ändern?
- Für welche Menschen oder Situationen ist mein Angebot am wenigsten geeignet – und was könnte ich ändern, damit das anders wird?
- Was hindert Menschen, mein Angebot zu nutzen?
- Für wen könnte, was ich anbiete, noch nützlich sein?

Text: Kerstin Hack, u. a. inspiriert von Harvard Business Review, 21 Great Questions, Dezember 2007.

Ruhe

Zeiten der Kraft

Müßiggang ist aller Zaster Anfang – denn am Anfang jedes Erfolges steht eine kluge Idee, und die kommt nur im entspannten Moment ans Licht. —Marc Flint

■ Auf die Frage: »Was wünschst du dir?«, antworten viele Menschen: »Mehr Ruhe, weniger Hektik, weniger Stress.« Wir alle leiden unter akustischer und visueller Reizüberflutung und dem hohen Tempo unseres Lebens. Wenn alles zu viel wird, wünschen wir uns manchmal, wir könnten in der Abgeschiedenheit einer einsamen Insel oder eines Klosters leben. Doch diese Lösung ist eine Illusion. Auch wenn dort keine Telefone und Werbetafeln an den Kräften zehren, sind diese Orte nicht frei von Dingen, die die Ruhe rauben können. Auf Inseln gibt es Mücken. Und in Klöstern Nonnen und Mönche.

Die Lösung liegt nicht in der dauerhaften Flucht aus unserer Umgebung, sondern darin, mitten im Alltag kleine Zufluchten zu schaffen.

Das ist keine neue Erkenntnis. Schon am Anfang der Bibel lädt Gott den Menschen ein, einen Tag pro Woche zu ruhen – auch als Ausdruck der Verbundenheit zwischen Gott und Mensch. Ein Leben mit Ruhepausen bringt zum Ausdruck: Ich bin nicht für alles verantwortlich; mein Leben liegt in der Hand von jemandem, der größer und stärker ist als ich.

Ruhe

Ein Leben ohne Ruhe und Pausen ist letztlich auch ein Gott-loses Leben. Man glaubt, alles selbst machen zu müssen. Man wird dadurch Gott los, weil Gott sich den Menschen nicht aufdrängt. Oder macht sich selbst zum Gott, zu demjenigen, von dem alles abhängt. Das kann reichlich anstrengend sein.
Vertrauen und Ruhe hingegen stärken. Jeder Mensch hat andere Ruhemuster. Der eine kann runterfahren, indem er aktiv ist, Sport treibt und sich bewegt. Für einen anderen ist die vollständige Passivität der richtige Weg, um zur Ruhe zu finden. Wieder andere brauchen die Begegnung mit Menschen, um Stress abzubauen. Und dann gibt es noch die Sorte Mensch, die sich entspannt, indem sie sich intensiv auf etwas konzentriert – sei es nun die Modelleisenbahn, die Briefmarkensammlung oder ein Puzzle.
Egal wie persönliche Entspannungsmuster aussehen: Je besser wir wissen, was uns hilft, zur Ruhe zu finden, umso einfacher können wir umschalten, abschalten. Das gelingt auch, wenn wir bestimmte Erholungsmuster bewusst trainieren, z. B. durch gewisse Körperhaltungen zur Ruhe zu kommen.
Nicht zuletzt tragen regelmäßige Ruhezeiten dazu bei, dass wir auf neue Ideen kommen. »Die besten Gedanken kommen mir unter der Dusche«, hat schon mancher kreative Mensch gesagt. Deshalb ist es produktiver, sich regelmäßig Zeiten der Ruhe zu gönnen, als immer durchzupowern und sich damit zu ermüden. Und Ruhe tut obendrein noch richtig gut. ■

Praxistipps

- **Überlege:** Was hilft dir am besten, zur Ruhe zu kommen? Wie könntest du das mehr nutzen?

- **Liste:** Schreibe deine Lieblingsorte für Stille auf. Habe die Liste bei dir und gehe an einen dieser Orte, wenn du Ruhe und Abgeschiedenheit brauchst.

- **Gleich:** Gönne dir eine Pause. Gleich jetzt.

Buchtipps

- Kerstin Hack & Birgit Schilling: *Stille finden. Aus der Ruhe leben lernen*. Down to Earth, 2010.

- Jürgen Werth: *pssst. Stille finden in einer lauten Welt*. Gerth Medien, 2009.

Müßiggang

Ich habe mich oft gefragt,
ob nicht gerade die Tage,
die wir gezwungen sind,
müßig zu sein,
diejenigen sind,
die wir in tiefster Tätigkeit verbringen.

Ob nicht unser Handeln selbst,
wenn es später kommt,
nur der letzte Nachklang einer großen Bewegung ist,
die in untätigen Tagen in uns geschieht?

Jedenfalls ist es sehr wichtig,
mit Vertrauen müßig zu sein,
mit Hingabe,
womöglich mit Freude.

Text: Rainer Maria Rilke

Spiritualität

Mit Höherem verbunden sein

Diese Hoffnung ist für uns ein sicherer und fester Anker, der hineinreicht bis ins Allerheiligste.
—Die Bibel, Brief an die Hebräer 6,19

■ Dieses Bild mag ich: Hoffnung, die wie ein Anker ist, der bis in den Himmel reicht. Das Leben kann rau sein. Man wird hin- und hergetrieben von dem, was das Schicksal an Freuden und Katastrophen zu bieten hat. Neben wunderbaren Momenten spült gelegentlich der eine oder andere Lebenstsunami unsere Träume und Hoffnungen weg. Was gestern noch beständig und dauerhaft schien, ist heute verweht. Und was morgen kommt, kann auch niemand sagen.

Da hilft es, Halt zu haben. Für mich ist es großer Trost, glauben zu können, dass ein guter Gott auf mich achthat. Es ist nicht mehr der naive Glaube meiner Kindertage, der dachte, die schlimmen Dinge würden nur anderen passieren. Das Leben hat mir – leider – gezeigt, dass das nicht stimmt. Manchmal passieren gerade den liebevollsten Menschen die schlimmsten Sachen. Nur die Bösen, die skrupellosen Wirtschaftsbosse, die korrupten Machthaber, die scheinen ungeschoren davon zu kommen. Zumindest eine Weile lang. Früher oder später muss jeder Tyrann gehen – spätestens dann, wenn er stirbt. Oft schon früher.

Glaube ist nicht die naive Hoffnung, uns könnte nichts passieren. Es ist vielmehr das Vertrauen, in allem gehalten zu sein. Im 43. Kapitel des Buches Jesaja in der Bibel ist Gottes Zusage, bei uns zu sein, nüchtern und zugleich poetisch formuliert: »Fürchte dich nicht, denn ich habe dich erlöst; ich habe dich bei deinem Namen gerufen; du bist mein! Wenn du durch Wasser gehst, will ich bei dir sein, dass dich die Ströme nicht ersäufen sollen; und wenn du ins Feuer gehst, sollst du nicht brennen, und die Flamme soll dich nicht versengen.«
Ganz realistisch: Schlimme Dinge werden auch die treffen, die sich um ein gutes Leben bemühen. Aber in allem sind sie gehalten, so dass es sie nicht im innersten Kern treffen wird. Noch realistischer: Der anonyme Autor des Hebräerbriefes zählt in Kapitel 11 eine Reihe von Glaubenshelden auf. Menschen, die Gott Großes zugetraut haben. Die ihn um Hilfe baten. Und dann erlebten, wie er handelte. Gewaltig.
Das Erstaunliche ist: Der Autor lässt es nicht bei den Erfolgsmeldungen bewenden. Sondern zählt dann die Schicksale von Menschen auf, die Gott vertrauten und trotzdem Tragödien bis zur grausamen Hinrichtung erleben mussten. Auch die nennt er »Helden des Glaubens«. Menschen, die ihrem Gott vertrauten, dass er sie in Schwierigkeiten bewahren würde. Oder die wussten, dass das Leben auf dieser Welt nicht alles ist – sondern sie auch im Himmel verankert sind. Für immer und ewig. ■

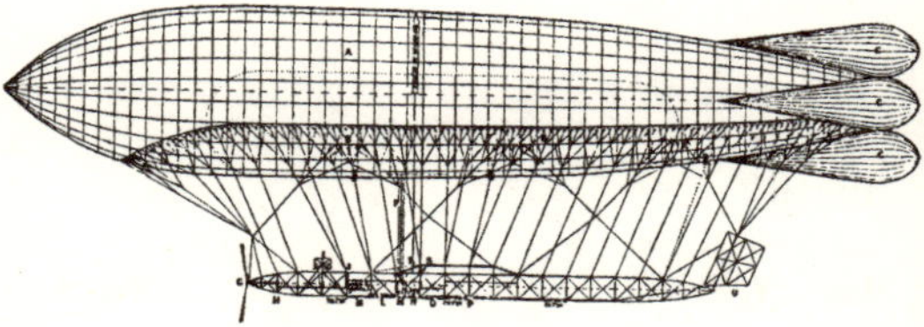

Praxistipp

- **Überlege:** Worin bist du verankert? Was gibt dir in den Stürmen des Lebens halt?

- **Übe:** Sicherheit gewinnt man auch durch Üben. Übe heute etwas, worin du noch unsicher bist.

Buchtipps

- Philipp Yancey: *Finding God in unexpected places.* Hodder Christian Books, 2005.

- Kerstin Hack: *Spurensuche. Impulse für Menschen, die Gott finden möchten.* Down to Earth, 2009.

- Kerstin Hack: *Glaubensfragen. Impulse, Jesus neu zu entdecken.* Down to Earth, 2008.

Glauben wagen

Den Glauben wagen
an den
der da ist
dann kehrt Ruhe ein
bei dir, bei mir

die Geborgenheit genießen
in seinen Händen
liegt unser Leben

den Glauben wagen
an den
der dich
der mich
liebt.

Text: Margot Bickel

Team

Gemeinsam geht es besser

Um Menschen zu ermutigen, musst du sie loben.
—Sprichwort der Yoruba, Afrika

■ Es gibt tatsächlich Menschen, denen es Freude macht, die Kommafehler anderer zu finden, Nummern in Listen einzutragen und auf Details zu achten. Zum Glück gehören solche Menschen zu meinem Team. Da, wo ich das große Ganze sehe, haben sie all die Details, die zum Erfolg wichtig sind, im Kopf.

Das beste Team ist nutzlos, wenn der Verantwortliche nicht delegieren kann. Als Frau, die ständig neue Ideen hat, schätze ich die Kooperation mit anderen sehr – ich könnte ohne ihre Hilfe nie all das umsetzen, was ich mir ausdenke. Ich überlege oft: Kann das jemand anderes besser als ich? Kann ich in der frei werdenden Zeit Dinge tun, die nur ich besser kann? Lautet die Antwort »Ja«, ist es sinnvoll, zu delegieren.

Nur an wen? In großen Firmen sind die Rollen meist fest vorgegeben. Doch auch da ist es oft möglich, innerhalb eines Teams zu fragen, wem eine spezifische Aufgabe am meisten liegt. Vielleicht liebt der eine eher die Routine und der andere bevorzugt die Herausforderung. Der eine arbeitet lieber zurückgezogen, der nächste blüht beim Kontakt mit Menschen auf. Wenn man darauf achtet, sind alle glücklicher.

Was kennzeichnet gutes Delegieren? Manche Arbeit delegiere ich an dumme Maschinen: an den Roboter-Staubsauger oder die Wasch- und Spülmaschine. Da muss ich nur auf einen Knopf drücken – schon tun sie, was ich will. Jemand anderes hat sie programmiert. Bei Menschen ist es komplexer. Da gehört zum guten Delegieren, dass man klar formuliert, wie das Ziel aussehen soll, und nachfragt, ob die Mitarbeiter Unterstützung auf dem Weg dorthin brauchen.

Gelegentlich spreche ich warmherzig von Mr. President, meinem Automatik-Staubsauger, und Michelle, meiner Spülmaschine. Doch sie würden auch ohne meine Komplimente funktionieren. Bei Menschen ist das anders. Damit es Teams gut geht, ist Lob und Wertschätzung wichtig. Die anderen können keine Gedanken lesen und wissen, dass wir sie schätzen. Deshalb ist es sinnvoll, bewusst wahrzunehmen, was uns an ihnen auffällt, und das dann auch auszudrücken. Nicht nur »Danke« für etwas zu sagen, sondern konkret zu erwähnen, was einem etwas bedeutet hat. »Es war so eine Entlastung für mich, als ich gesehen habe, wie korrekt die Auflistung dargestellt/wie gut die Sitzung vorbereitet war. Ich danke dir/Ihnen.«

Auch Chefs tut Lob gelegentlich gut. Keine Schleimerei. Sondern ein ehrliches, warmes Wort. Eine Mitarbeiterin mailte mir neulich eine Liste mit dem, was ich aus ihrer Sicht gut kann. Da stand unter anderem: »Meine Chefin kann gut delegieren.« Ich strahlte vor Freude. ■

Praxistipps

- **Überlege:** Welche Tätigkeiten, die du nicht gern und/oder gut machst, könntest du an andere delegieren oder gemeinsam mit ihnen tun?

- **Definiere:** Beschreibe genau, worin das Ziel der Aufgabe besteht, die du delegieren möchtest.

- **Notiere:** Schreibe die Stärken der Menschen auf, mit denen du zusammenarbeitest. Überlege bei der nächsten Aufgabenverteilung, wem der Job am ehesten entspricht.

Buchtipps

- Martin Buchwitz: *Klar führen. Menschen wirksam begleiten.* Down to Earth, 2011.

- Christoph Schalk: *Mitarbeiter coachen. Gemeinsam Ziele erreichen.* Down to Earth, 2010.

- Brüder Grimm: *Die Bremer Stadtmusikanten.* Minedition, 2006.

Die große Rübe
Ein russisches Volksmärchen

Der Großvater hat ein Rübchen gesteckt und gesagt: »Wachse, mein Rübchen, wachse, werde süß!« (...)
Das Rübchen wuchs und wurde süß und fest und groß – riesengroß.
Der Großvater geht, die Rübe zu ziehen. Er zieht und zieht – er kann sie nicht herausziehen.
Der Großvater ruft die Großmutter. Großmutter fasst den Großvater, Großvater fasst die Rübe.
Sie ziehen und ziehen – sie können sie nicht herausziehen.
Die Großmutter ruft das Enkelchen. Das Enkelchen fasst die Großmutter, Großmutter fasst den Großvater, Großvater fasst die Rübe. Sie ziehen und ziehen – sie können sie nicht herausziehen. (...)
Das Kätzchen ruft das Mäuschen. Das Mäuschen fasst das Kätzchen, das Kätzchen fasst das Hündchen, das Hündchen fasst das Enkelchen, das Enkelchen fasst die Großmutter, die Großmutter fasst den Großvater, der Großvater fasst die Rübe.
Sie ziehen und ziehen – und heraus ist die Rübe.

Quelle: www.nachrussland.de

Umstände

Das Mögliche entdecken

Wir können nicht alles, was uns widerfährt, ändern. Aber nichts kann geändert werden, wenn wir den Dingen nicht ins Auge sehen. —James Baldwin

■ Ich mag Helden. Nicht die Rambo- und Westernhelden, die ihr Image daraus beziehen, dass sie andere abknallen. Dazu gehört nicht mehr als eine Pistole und gutes Schießtraining. Mit etwas Übung kann das jeder: andere fertig machen und sich selbst groß feiern lassen.

Helden sind für mich vielmehr die Menschen, die über schwere Umstände triumphiert haben und anderen Mut zum Leben machen. So wie Nick Vujicic. Er kam ohne Arme und Beine auf die Welt. Und obendrein noch mit ein paar Allergien. Schlimmer geht es kaum. Seine Mutter war nach der Geburt so geschockt, dass sie ihr Kind erst gar nicht sehen wollte, der Vater fiel in Ohnmacht. Kein wirklich guter Start ins Leben. Nachdem sie sich vom ersten Schreck erholt hatten, förderten und ermutigten die Eltern den kleinen Nick, wo sie nur konnten. Mit faszinierenden Ergebnissen. Nick bewältigte nicht nur Schule und Studium erfolgreich. Er brachte sich auch das Aufstehen, Laufen, Fußballspielen und Surfen bei – mit zum Teil wilden Techniken unter Einsatz des Beinstumpfes, den er Hähnchenkeule nennt.

Doch mehr noch. Er reist durch die ganze Welt und ermutigt Menschen. Sagt ihnen, dass sie aus ihrem Leben etwas machen können. Er ist überzeugt, dass die Behinderungen im Kopf durch Begrenzungen, die wir uns selbst auferlegen, weitreichender sind als körperliche Einschränkungen oder Begrenzungen durch Umstände. Viele Menschen denken, sie könnten nichts verändern. Das führt dazu, dass sie nicht sehen, wo sie etwas verändern könnten. Nicht nur für sich, sondern auch für andere.

Sich von Beschränkungen nicht unterkriegen zu lassen war das Motto von Margarethe Steiff. Auch sie hatte mit einer Behinderungen zu kämpfen. Sie war durch eine Krankheit halbseitig gelähmt und gehbehindert. Und lebte in einer Zeit, in der Frauen wenig zu sagen hatten. Sie setzte ihren Wunsch, eine Nähschule zu besuchen, gegen den Willen ihrer Eltern durch. Die schwere Kurbel der Nähmaschine konnte sie mit dem schwachen rechten Arm nicht bewegen – also drehte sie das Gerät um und nähte rückwärts. Sie kombinierte Kreativität und Geschäftssinn mit hohem Qualitätsanspruch und baute ein Unternehmen mit Hunderten von Mitarbeitern auf. Vielleicht hätte sie ohne ihre Behinderung die damals klassische Frauenrolle am Herd ausgefüllt und auch ein erfülltes Leben gehabt. So aber hat sie mit ihren Stofftieren vielen Menschen Arbeit gegeben und Millionen von Kindern glücklich gemacht. Auch sie würde wohl sagen, dass Grenzen dazu da sind, überwunden zu werden. ■

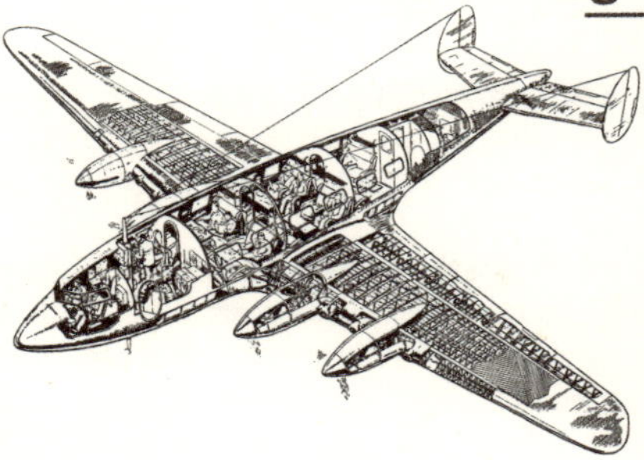

Praxistipp

- **Überlege:** Von welchen Vorstellungen hast du dich bisher behindern lassen? Was könntest du statt dieser hinderlichen Überzeugungen denken und glauben?

- **Praktisch:** Mache gleich heute etwas, das du dich bislang nicht getraut hast.

Medientipps

- Gabriele Katz: *Margarte Steiff. Die Biografie.* Osburg, 2011.

- Nick Vujicic: *Mein Leben ohne Limits. Wenn kein Wunder passiert, sei selbst eins.* Brunnen, 2011.

- Inspirierende Videos von Nick Vujicic gibt es bei www.youtube.com – dort nach Nick Vujicic suchen.

Kernsätze von Nick Vujicic

Wenn kein Wunder passiert, sei selbst eins!

Sich selbst zu lieben bedeutet nicht, egoistisch, selbstverliebt und egozentrisch zu sein. Es bedeutet, sein Leben als Geschenk zu sehen, was man pflegen muss und anderen zugute kommen lassen kann.

Richte dein Augenmerk auf deine Fähigkeiten. Womit kannst du etwas bewegen? Hast du ein Talent? Besonderes Wissen? Weisheit? Bist du kreativ? Kannst du richtig gut anpacken? Oder gut zuhören?

Finde heraus, welchen Weg du gehen willst.
Das ist schon der erste Schritt.

Dann brauchst du Hoffnung, dass die Zukunft voller Möglichkeiten steckt. Damit kommst du durch schwere Zeiten.

Um wirkliche Erfüllung zu finden, musst du schließlich davon überzeugt sein, dass du Glück und Erfolg auch wert bist.

Du musst dich selbst lieben. Und vergiss es nicht: Einer liebt dich schon.

Text: Nick Vujicic, aus: Mein Leben ohne Limits. Brunnen, 2011.

Veränderung

Sich dem Wandel anpassen

Nichts ist so beständig wie der Wandel. —Heraklit

■ Ich gestehe: Veränderung gefällt mir nicht immer. Besonders dann nicht, wenn Dinge verschwinden, die ich mag. So wie das Silberstein. Ein ruhiges Café, in dem ich gelesen, geschrieben, mich mit Freunden getroffen habe. Das ist jetzt weg. Der Niedergang ging schon los, als sie mein Lieblingsbild, ein großformatiges Gemälde im Gerhard-Richter-Stil von der Wand nahmen und durch ein nichtssagendes Frauenportrait ersetzten. Das konnte ja nicht gutgehen. Kurz: Ich grummele und empfinde das Verschwinden eines Lieblingsortes fast als persönlichen Angriff gegen mich. Das ist es aber nicht.
Wenn man eine Veränderung selbst initiiert hat, findet man sie meist auch gut: den neuen Job, die neue Wohnung, das neue Outfit. Vielleicht ist das Ergebnis nicht ganz so wie erhofft – aber immerhin hat man es selbst in die Wege geleitet. Das macht die Sache oft leichter. Schwieriger wird es, wenn Veränderung aufgezwungen wird. Wenn unvorhersehbare Situationen eintreten oder sich – manchmal durchaus vorhersehbar – die Dinge anders entwickeln als erhofft. Das kann hart sein. Und Menschen haben die unterschiedlichsten Taktiken und Strategien entwickelt, um mit solch unverhofftem Wandel klarzukommen.

Die wohl bekannteste Strategie ist das Verdrängen. Man ignoriert die Veränderung. Und tut so, als ob man nicht mitbekommen hätte, dass man in der Firma nicht mehr so respektiert ist wie früher, im Freundeskreis nicht mehr so beliebt oder als Ratgeber nicht mehr so gefragt. Damit verwandt ist die Strategie, sich die Dinge schönzureden. Als experimentierfreudiges Kind schnitt ich mit der Schere Löcher in meinen Schlafanzug. Meine Mutter zwang mich, die Löcher selbst zu stopfen. Ich tat so, als würde es mir nichts ausmachen: »Ach, Nähen tue ich gern!« Stimmte natürlich gar nicht. Wer beseitigt schon gern die Schäden, die er angerichtet hat?

Erfolgversprechender ist es, über Veränderungen und Verluste erst einmal zu trauern. Ein Lieblingscafé ist nicht mehr da. Kein Weltuntergang. Trotzdem traurig. Der Job, die Beziehung, die Umgebung hat sich verändert – das darf man bedauern. Dann kann man Abschied nehmen. Vielleicht mit einem kleinen Ritual. Es hilft, wenn man anerkennt: Es ist, wie es ist, und wird wohl nie mehr so sein, wie es einmal war. So traurig das ist. Nach dem Abschied kann man sich dann aufmachen, die Potentiale aus der veränderten Situation zu schöpfen. Sich wie ein Goldgräber auf die Suche nach den Möglichkeiten begeben, die darin verborgen sind. Ich werde mich auf die Suche machen. Vielleicht entdecke ich ja irgendwo ein neues Lieblingscafé. Das nenne ich dann vielleicht mein Café Goldstein. Nur für mich. ■

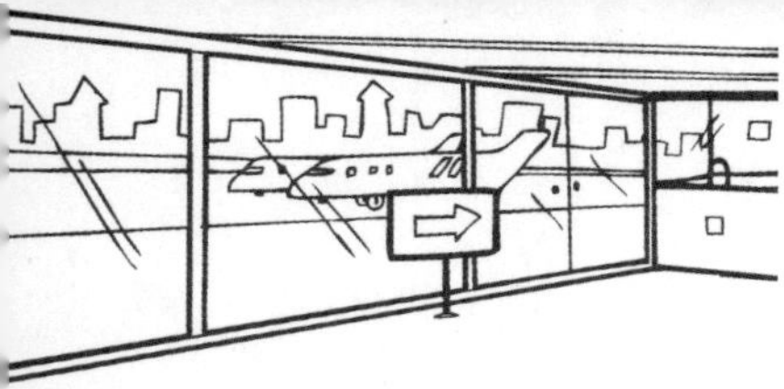

Praxistipps

- **Überlege:** Welche Änderungen belasten dich besonders? Veränderungen im Umfeld, in Beziehungen, in Abläufen? Was könnte dir helfen, sie gut zu bewältigen?

- **Konkret:** Verändere heute etwas. Wähle etwas aus, das dich schon lange stört und das du mit wenig Aufwand neu gestalten kannst. Freu dich an der Veränderung.

Buchtipps

- John Kotter & Holger Rathgeber: *Das Pinguin-Prinzip. Wie Veränderung zum Erfolg führt*. Droemer, 2006.

- Anja Förster & Peter Kreuz: *Nur Tote bleiben liegen. Entfesseln Sie das lebendige Potenzial in Ihrem Unternehmen*. Campus, 2010.

- Marcus Splitt: *Entscheiden. Impulse für die richtige Wahl*. Down to Earth, 2007

Es ist alles eitel

Du siehst, wohin du siehst, nur Eitelkeit auf Erden.
Was dieser heute baut, reißt jener morgen ein;
Wo jetzund Städte stehn, wird eine Wiese sein,
Auf der ein Schäferskind wird spielen mit den Herden;
Was jetzund prächtig blüht, soll bald zertreten werden;
Was jetzt so pocht und trotzt, ist morgen Asch und Bein;
Nichts ist, das ewig sei, kein Erz, kein Marmorstein.
Jetzt lacht das Glück uns an, bald donnern die Beschwerden.
Der hohen Taten Ruhm muss wie ein Traum vergehn.
Soll denn das Spiel der Zeit, der leichte Mensch, bestehn?
Ach, was ist alles dies, was wir vor köstlich achten,
Als schlechte Nichtigkeit, als Schatten, Staub und Wind,
Als eine Wiesenblum, die man nicht wieder find't!
Noch will, was ewig ist, kein einig Mensch betrachten.

Text: Andreas Gryphius

Wünsche

Bedürfnisse und Strategien zur Erfüllung

Unsere Wünsche sind wie kleine Kinder – je mehr man ihnen nachgibt, umso anspruchsvoller werden sie.
—Autor unbekannt

■ Jedes Jahr das gleiche Spiel. Vor Weihnachten werden die Wunschlisten der Kinder geschrieben. Playstation und Barbiepuppe, Nintendo und Bücher – die Listen sind oft unerfüllbar lang und sprengen den Geldbeutel der meisten Eltern. Sich auf besinnlichere Aspekte des Festes zu konzentrieren, scheitert an der Fokussierung auf materialle Dinge, von denen man sich Glück erhofft.

Bei Kindern belächeln wir das milde, doch viele Erwachsene hegen ähnliches Wunschdenken. Nur ist es dann nicht mehr der Weihnachtsmann, der die Wünsche erfüllen soll, sondern der Partner, der Chef, das Umfeld, die Kinder. Gegen Wünsche ist nichts einzuwenden. Ich wünsche mir zum Beispiel einen Smart. Meine bisherigen Versuche, bei einem Preisausschreiben eines dieser Mini-Autos zu gewinnen, sind gescheitert. Und so richtig motiviert war ich bisher noch nicht, mein Konto dafür zu plündern. Also bleibt der Wunsch. Und der kleine Plastiksmart auf meiner Mikrowelle, der mich gelegentlich daran erinnert, dass ich noch nicht entschieden habe, was ich mit diesem Wunsch machen will. Erfüllen oder nicht.

Es gibt auch noch einen dritten Weg: nachzufragen, welches grundsätzlichere Bedürfnis der Wunsch eigentlich erfüllen soll. Es gibt einige wesentliche Bedürfnisse. Dazu gehören das Bedürfnis nach physischer und emotionaler Nahrung, nach Freiheit, nach Schutz, nach Effizienz, nach Schönheit und das Bedürfnis, etwas zu bewirken. Diese Bedürfnisse sind universell. Alle Menschen auf der Erde teilen sie. Doch die Art, wie wir vorgehen, um unsere Bedürfnisse zu erfüllen, kann sehr unterschiedlich sein.
Von daher macht es Sinn, zu fragen, welches Bedürfnis hinter einem bestimmten Wunsch steckt. Hinter meinem Wunsch, einen Smart zu besitzen, steckt zum Beispiel das Bedürfnis nach Freiheit – einfach überall hinzukommen. Und das Bedürfnis nach Effizienz. Den kriegt man auch in Berlin in jede Parklücke. Wenn man dem Bedürfnis auf die Spur gekommen ist, kann man sich fragen, ob es andere Wege gibt, es zu erfüllen. Eine Möglichkeit für mich wäre zum Beispiel Carsharing. Da komme ich auch überall hin und kann parklückengroße Autos wählen.
Wer nur eine Möglichkeit sieht, ein bestimmtes Bedürfnis zu erfüllen, ist arm dran. Etwa Menschen, deren einziger Weg zur Sicherheit im Rückzug besteht. Erfolgreicher im Leben sind Menschen, die vielfältig für ihre zentralen Bedürfnisse sorgen können. Wer Dutzende von Möglichkeiten zur Auswahl hat, ist nicht auf einen Wunsch fixiert. Er ist stattdessen frei und kann wählen. ■

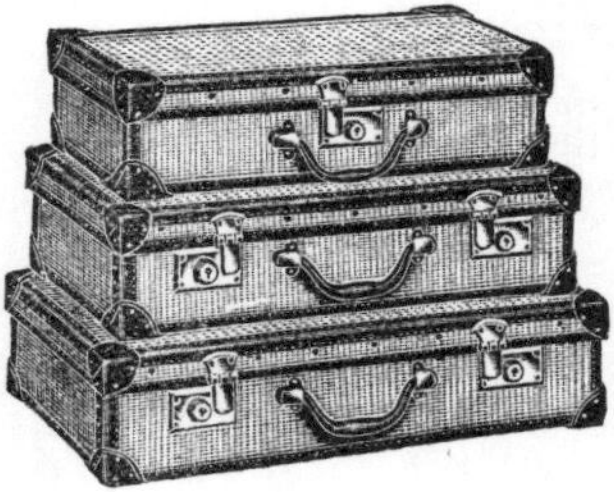

Praxistipps

- **Überlege:** Welche deiner Wünsche sind besonders stark? Welche Bedürfnisse stecken wohl dahinter? Wie könntest du dir diese Bedürfnisse noch erfüllen?

- **Notiere:** Schreibe für deine fünf zentralen Bedürfnisse jeweils zehn Ideen auf, wie du sie erfüllen kannst.

- **Bitte:** Bitte heute einen Menschen, dir bei der Erfüllung eines wichtigen Bedürfnisses zu helfen. Biete selbst jemandem Hilfe an.

Medientipps

- Kerstin Hack: *Unterstützung. Impulse, Hilfe zu erfahren.* Down to Earth, 2011.

- Test, der dir helfen kann, einige deiner Bedürfnisse zu entdecken: www.mvg-verlag.de/miedaner

Die fünf Freiheiten

Ich wünsche dir

Die Freiheit,
zu sehen und zu hören, was im Moment wirklich da ist,
– anstatt das, was sein sollte, gewesen ist
oder erst sein wird.

Die Freiheit,
das auszusprechen, was ich wirklich fühle und denke,
– und nicht das, was von mir erwartet wird.

Die Freiheit,
zu meinen Gefühlen zu stehen,
– und nicht etwas anderes vorzutäuschen.

Die Freiheit,
um das zu bitten, was ich brauche,
– anstatt immer erst auf Erlaubnis zu warten.

Die Freiheit,
in eigener Verantwortung Risiken einzugehen,
– anstatt immer nur auf »Nummer sicher zu gehen«
und nichts Neues zu wagen.

Text: Virgina Satir

Xanthippe und Sokrates

Vom Umgang mit widrigen Zeitgenossen

Lieber in einer Wüste leben als mit einer schlecht gelaunten Frau, die ständig nörgelt. —Die Bibel, Sprüche 21,19

■ Xanthippe, die Ehefrau des Philosophen Sokrates, hat ihrem Mann – wenn man der Überlieferung glauben darf – das Leben reichlich schwer gemacht. Wüste Beschimpfungen sowie das Ausleeren des Nachttopfes über sein Haupt gehörten ebenso zu ihrem Repertoire wie chronische Übellaunigkeit und ständige Vorwürfe. So eindrücklich sind die Schilderungen, dass Xanthippe heute als Inbegriff eines zänkischen und nörgelnden Weibes gilt.
Ganz unschuldig an der Krise war der gute Sokrates dabei jedoch wohl nicht. Forscher gehen davon aus, dass er lieber philosophierte, als sich um seine Frau zu kümmern. Manche Quellen sprechen auch davon, dass er nicht nur mit ihr Kinder gezeugt hat. Xanthippe war wohl wenig glücklich über sein Verhalten und wusste keinen anderen Weg, als zu nörgeln. Er entfloh aus dem ungemütlichen Zuhause, was dazu führte, dass sie noch unglücklicher wurde, was dazu führte ...
Man braucht nicht in die Antike zu blicken: Solche Muster zwischen unzufriedener Frau und passivem Mann wiederholen sich bis heute millionenfach – auch in umgekehrter Geschlechterkonstellation.

Was kann man tun, um einen derartigen Teufelskreis aus verbaler und physischer Gewalt und emotionaler Verweigerung zu durchbrechen? Diese Frage bewegte auch Marshall Rosenberg, der als Kind Rassenunruhen miterleben musste. Er entwickelte das Konzept der gewaltfreien Kommunikation.
Hinter jeder Aggression sieht er – einen häufig sehr unglücklichen – Versuch, ein Bedürfnis mitzuteilen. Er empfiehlt, darauf nicht mit Verteidigung und Abwehr zu reagieren, sondern mit Einfühlung. Erst mal in sich selbst: »Puh. Das erschreckt und ängstigt mich.« Dann in den anderen. Vielleicht erst stumm: »Der ist gerade ganz schön frustriert oder hilflos.« Dann, wenn die Situation es erlaubt, auch fragend: »Bist du frustriert, weil du dir mehr Zuwendung wünschst?« »Ja!« Wenn man Glück hat, ist damit schon eine Verbindung geschaffen. Meist kommen nach der ersten Antwort noch weitere Vorwürfe und Formulierungen von Enttäuschungen. Wenn es gelingt, diese fragend aufzugreifen, hilft man dem anderen und sich selbst, dem Kern der Sache näherzukommen. Tiefe Verbindung kann entstehen.
Vielleicht sagt dann am Ende die härteste Xanthippe auf einmal: »Weißt du, was ich mir wirklich wünsche, ist Nähe und Vertrautheit mit dir. Gemeinsame Zeit, in der wir uns in die Augen sehen.« Und Sokrates muss dann nicht mehr die Flucht ergreifen, sondern kann in ihrer Nähe bleiben und die Nähe sogar genießen. Das wäre ganz schön weise. ■

Praxistipps

- **Überlege:** Welche Menschen bringen dich regelmäßig auf die Palme? Was sagt das über dich und deine Bedürfnisse aus?

- **Übe:** Wenn ein Mensch sich in deiner Umgebung aufregt, versuche dich in ihn einzufühlen. Was braucht der wohl gerade?

Medientipps

- Marshall Rosenberg. *Gewaltfreie Kommunikation. Eine Sprache des Lebens.* Junfermann, 2007.

- Klaus Dieter Gens & Susann Pásztor: *Ich höre, was du nicht sagst. Gewaltfreie Kommunikation in Beziehungen.* Junfermann, 2008.

- Seminare und Kurse zur gewaltfreien Kommunikation: www.gewaltfrei.de

Xanthippe und Sokrates

Xanthippe

Will er sauer, so will ich süß,
Will er Mehl, so will ich Grieß,
Schreit er hu, so schrei ich ha,
Ist er dort, so bin ich da,

Will er essen, so will ich fasten,
Will er gehn, so will ich rasten,
Will er recht, so will ich link,
Sagt er Spatz, so sag ich Fink,

Isst er Suppen, so ess ich Brocken,
Will er Strümpf, so will ich Socken,
Sagt er ja, so sag ich nein,
Sauft er Bier, so trink ich Wein,

Will er dies, so will ich das,
Singt er Alt, so sing ich Bass,
Steht er auf, so sitz ich nieder,
Schlägt er mich, so kratz ich wieder,

Will er hü, so will ich hott!
Dies ist ein Leben, erbarm es Gott!

Text: Abraham a Sancta Clara

Yes, we can!

Wie man sich und andere motiviert

Sinn kann nicht gegeben, sondern muss gefunden werden.
—Viktor Frankl

■ Der Slogan »Yes, we can« stammt nicht von Barack Obama – auch wenn der ihn in seinem Wahlkampf bekannt gemacht hat. Er stammt von dem Erfinder der Comicfigur »Bob, der Baumeister«. Mit »Yes, we can« – »Ja, wir können es schaffen« – motiviert Bob sich und seine Freunde, Aufgaben in Angriff zu nehmen. Erfolgreich. Gemeinsam stemmen sie Projekte und entdecken Lösungen für die Probleme, die sich ihnen in den Weg stellen.

Bob stellt seinen Freunden zuerst die Vision vor Augen. Er erzählt ihnen, was er tun möchte und warum es sinnvoll ist. Sinn in etwas zu sehen ist Voraussetzung für Motivation. Das bestätigen Generationen von Schülern, die sich nicht aufraffen konnten, etwas zu lernen, was sie für sinnlos hielten.

Bob hat auch den zweiten Schlüssel für Motivation erkannt: Zuversicht. Damit Menschen etwas bewegen, müssen sie bewegt sein. Ohne die Hoffnung und Zuversicht, dass tatsächlich etwas zu erreichen ist, werden sie kaum Energie hineinstecken. Ohne Hoffnung, dass Veränderung tatsächlich möglich ist, werden sie nicht bereit sein, Zeit, Ressourcen, Talente oder Geld einzusetzen.

Sieht man den Sinn in etwas und glaubt auch, dass es gemeinsam möglich ist, das gesteckte Ziel zu erreichen, sind die nächsten Motivationsbausteine die eigenen Fähigkeiten. Wie gut passen sie zu der Aufgabe? Ist man damit eher unterfordert oder überfordert? Je passgenauer die eigenen Fähigkeiten für die gestellte Herausforderung sind, umso größer ist die Motivation. Manche Menschen fühlen sich in Bereichen am wohlsten, die genau ihren Fähigkeiten entsprechen. Andere lieben es, wenn sie an ihre Grenzen stoßen und diese erweitern können.
Schließlich spielt das Umfeld eine entscheidende Rolle. Ich schreibe leidenschaftlich gern, weiß, dass ich Buchprojekte auch umsetzen kann, und das Ganze entspricht meinen Fähigkeiten – nur das Umfeld ist mir manchmal zu einsam. Immer allein hinter einer viereckigen Kiste. Das kann meine Motivation abtöten. Aber hier kann ich auch gegensteuern. Manchmal schreibe ich bei Freunden, zu anderen Zeiten in Cafés oder ich suche – wie heute – Ausgleich, indem ich die Mittagspause mit einer Freundin genieße.
Man kann die eigene Motivation auf einem Koordinatensystem abbilden und so anschaulich machen. Male zwei Achsen, die sich in der Mitte kreuzen. Unterteile sie in Abschnitte von 1 für »wenig« bis 10 »sehr hoch« und schreibe »Sinn«, »Hoffnung«, »Fähigkeiten« und »Umfeld« an die Enden. Markiere dann, wo du dich auf der Achse befindest. Verbinde die Punkte. Die Fläche, die sich ergibt, zeigt die Größe deiner Motivation. ■

Praxistipps

- **Überlege:** Wann in deinem Leben warst du richtig motiviert, etwas zu tun? Worin kannst du rückblickend die drei Faktoren der Motivation erkennen?

- **Beobachte:** Schau dir im Internet ein Video an, in dem jemand eine motivierende Rede hält. Wie genau gelingt es ihm, zu inspirieren und zu motivieren?

- **Probiere:** Male Motivationsskalen für verschiedene Lebensbereiche, z. B. Beruf, Ehrenamt, Familie. Worin gleichen, worin unterscheiden sie sich?

Buchtipps

- Barack Obama: *Hoffnung wagen: Gedanken zur Rückbesinnung auf den American Dream.* Riemann, 2008.

- Dorthee Sölle: *Mut. Kämpfe und liebe das Leben.* Herder, 2008.

Yes, we can!

Gedanken zur Motivation

Wessen wir am meisten im Leben bedürfen ist jemand, der uns dazu bringt, das zu tun, wozu wir fähig sind. —Ralph Waldo Emerson

Nichts kann den Menschen mehr stärken als das Vertrauen, das man ihm entgegenbringt.
—Adolf von Harnack

Es ist eine alte Verkehrtheit, die Motive unserer Handlungen im Kopfe, statt im Herzen zu suchen.
—August Wilhelm Grube

Man muss sich um die Menschen kümmern, denn auf Gutes reagieren sie immer mit erhöhtem Einsatz. —Boris Jelzin

Noch so gut gemeinte und in der Regel auch wirksame Motivierungsbemühungen gehen ins Leere, wenn sie nicht auf ein aktuelles und individuelles Bedürfnis des Mitarbeiters treffen. —Hartmut Laufer

Man sollte den Menschen nie sagen, wie sie es tun sollten, sondern nur, was sie tun sollten. Dann wird ihr Einfallsreichtum einen verblüffen. —George Patton

Wie oft verglimmen die gewaltigsten Kräfte, weil kein Wind sie anbläst! —Jeremias Gotthelf

Ziele

Wissen, wo man ankommen will

Der beste Weg, die Zukunft vorauszusagen, ist, sie zu gestalten. —Peter F. Drucker

■ Ich liebe dieses Zitat. Manche Menschen haben mir, nachdem ich es zitiert habe, schon vorgeworfen, ich würde daran glauben, dass alles machbar sei. Das stimmt natürlich nicht. Dazu bin ich zu bodenständig und zu realistisch. Mir ist klar: Was die Zukunft bringt, kann niemand wissen. Es gibt zu viele unabwägbare Faktoren. Es gibt sehr vieles, was nicht in unserer Hand liegt. Keine Frage.

Es ist auch sinnlos, darüber zu grübeln, wie die Zukunft werden wird. Das weiß kein Mensch – und durch Grübeln findet man es auch nicht heraus. Es bleibt nichts anders übrig, als abzuwarten und Tee zu trinken oder Red Bull. Je nach Geschmack.

Es ist eine Tatsache, dass vieles außerhalb unserer Einflussmöglichkeiten liegt. Doch das sollte uns nicht daran hindern, das zu gestalten, was wir gestalten können. Und das ist sehr viel. Gestalten beginnt mit Überlegen. Im Gegensatz zum nutzlosen Herumgrübeln gibt es Überlegungen, die dir durchaus weiterhelfen können. Du kannst dir Fragen stellen, die sich auf deinen Handlungsspielraum konzentrieren und den Blick auf das richten, was du beeinflussen kannst: dein eigenes Handeln.

Welche Zukunft hättest du denn gern? Du kannst dir Gedanken darüber machen, was dir wichtig ist und was du erreichen möchtest. Du kannst überlegen, wohin du gehen willst und welche Schritte dazu nötig wären und wer dich dabei unterstützen könnte.
Nicht jeder Plan gelingt in genau der erhofften Weise. Doch derjenige, der sich konkret überlegt, was er will, hat eine größere Chance, beim gewünschten Ziel anzukommen, als derjenige, der nur abwartet, was geschehen wird. Selbst in Krisen ist es hilfreich, wenn man eine klare Perspektive hat, wohin man will. Gelegentlich wirft uns das Leben den einen oder anderen Klotz zwischen die Beine. Wir kommen ins Stolpern. Wer weiß, wohin er möchte, kommt leichter wieder hoch als der, der kein klares Ziel vor Augen hat.
Nicht immer kommt man genau da an, wo man hin wollte – Kolumbus ist das beste Beispiel für einen grandiosen Misserfolg. Seine Weltumsegelung misslang, in Indien kam er nie an. Dennoch wäre er nie berühmt geworden, wenn er sich nicht auf den Weg gemacht hätte, um die Erde zu umschiffen.
Wer hätte gedacht, dass ein kleiner, schmächtiger Inder die Kraft haben würde, einen Prozess in Gang zu setzen, der dazu führte, dass sein Land die Unabhängigkeit gewann? Wer hätte gedacht, dass die Gebete, Proteste und der Mut vieler Menschen zum Fall der Mauer führen würden? Wer hätte es für möglich gehalten, dass Menschen auf den Mond fliegen? Und: Wer hätte gedacht, dass du eines Tages...? Ja, du! ■

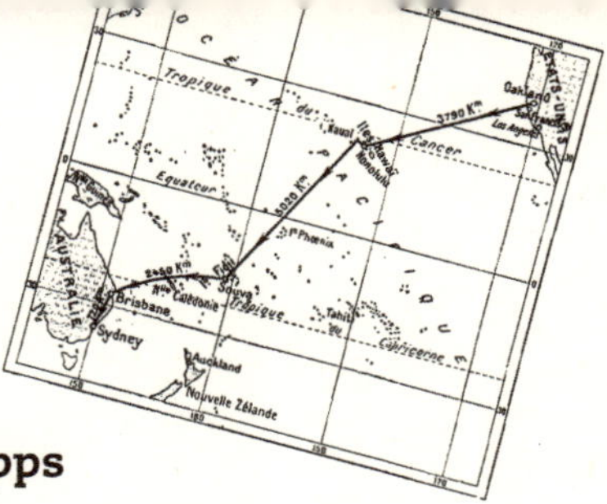

Praxistipps

- **Überlege:** Was wünschst du dir, wenn du an deine Zukunft denkst? Was wäre der erste Schritt, den du tun könntest, um die Chancen dafür zu erhöhen?

- **Notiere:** Nimm dir Zeit, die Antworten zu den Fragen auf der nächsten Seite schriftlich zu formulieren. Lies sie dir ab und zu mal durch.

- **Kommunikation:** Sprich mit zuversichtlichen Menschen über ihre Zukunftsvorstellungen und deine.

Buchtipps

- Petra Bock: *100 Fragen. Ihr Leben betreffend.* Knaur HC, 2009.

- Kerstin Hack: *Zukunftsfragen. Impulse, das Kommende zu erwarten.* Down to Earth, 2010.

Ein paar Fragen an deine Zukunft

Das will ich hinterlassen:
- Was möchtest du in dieser Welt bewirken?
- Was würde dir tiefen Sinn geben?
- Wofür möchtest du bei deinen Mitmenschen in Erinnerung bleiben?
- Was soll auf der Welt, wenn du gehst, anders sein als jetzt?
- Welche Missstände belasten dich so sehr, dass du dringend etwas verändern möchtest?
- Welche Fähigkeiten und Erfahrungen möchtest du einsetzen, damit das Leben anderer besser wird?
- Welche Veränderung würde dich tief beglücken?

Das möchte ich erleben:
- Welche Länder möchtest du entdecken?
- Welche spirituellen Erfahrungen willst du machen?
- Was willst du auf jeden Fall ausprobieren?
- Für welche neue Erfahrung möchtest du dich öffnen?
- Welches Essen willst du testen?
- Was möchtest du neu gestalten?
- Was möchtest du zum allerersten Mal tun?
- Worauf möchtest du dich neu einlassen?
- Was möchtest du auf keinen Fall im Leben verpassen?

Text: Kerstin Hack, aus: Zukunftsfragen. Impulse, das Kommende zu gestalten. Down to Earth, 2010.

Anhang

Weiterführendes Material

Bücher über Erfolg

Für motivierende Lesestunden

Leser, pass auf. Du wirst dein Vergnügen haben.
—Lucius Apuleius

- Alexander Osterwalder & Yves Pigneur: *Business Model Generation.* Wiley, 2010.
- Bethany Hamilton: *Soul Surfer. Sie gab nicht auf und siegte.* Brunnen 2011.
- Carmen Kindl-Beifuß: *Fragen können wie Küsse schmecken.* Carl-Auer-Systeme Verlag, 2010.
- Claudia Lanfranconi & Antonia Meiner: *Kluge Geschäftsfrauen.* Elisabeth Sandmann Verlag GmbH, 2010.
- Daniel Zindel: *Geistesgegenwärtig führen. Spiritualität und Management.* Scesaplana, 2003.
- Ed Silvoso: *Business². Gottes Potential im Beruf entfalten.* Down to Earth, 2002.
- Elisabeth Mittelstädt: *Größer als meine Träume.* Gerth Medien, 2011.
- Eva Christiane Wetterer: *Die Kunst der richtigen Entscheidung.* Murmann, 2005.
- Gordon MacDonald: *A resilient life. You can move ahead no matter what.* Thomas Nelson/Word Pub Group, 2006.
- Günter Faltin: *Kopf schlägt Kapital.* Carl Hanser Verlag, 2008.
- Jean Giono: *Der Mann, der Bäume pflanzte.* Sanssouci, 2010.

Bücher über Erfolg

- Laurie Beth Jones: *Jesus Life Coach. Das Leben gestalten.* Campus für Christus, 2007.
- Marshall B. Rosenberg: *Gewaltfreie Kommunikation.* Jungfermann, 2007
- Michael R. Gerber: *Das Geheimnis erfolgreicher Firmen.* Accord Unternehmensentwicklungsgesellschaft, 2002
- Sonja Radatz: *Beratung ohne Ratschlag.* Verlag Systemisches Management, 2006.
- Stefan Merath: *Der Weg zum erfolgreichen Unternehmer.* Gabal Verlag, 2009.
- Steffen Kern: *Mehr als Millionen: Sabine Ball.* Brunnen-Verlag, 2010.
- Stephen R. Covey: *Der 8. Weg. Mit Effektivität zu wahrer Größe.* Gabal Verlag, 2006.
- Stephen R. Covey: *Die 7 Wege zur Effektivität.* Gabal Verlag, 2011.
- Stephen R. Covey: *So leben Sie »Die sieben Wege zur Effektivität«.* Campus Verlag, 2000.
- Tom Rath & Barry Conchie: *Führungsstärke. Was erfolgreiche Führungskräfte auszeichnet.* Redline, 2009.
- Tom Rath: *StrengthsFinder 2.0.* Perseus Distribution, 2007.
- Vanessa Kullmann: *Coffee to go.* Heyne Verlag, 2008.
- Verena Steiner: *Energiekompetenz.* Pendo, 2005.
- Verena Steiner: *Sich besser konzentrieren heißt.* Pendo 2006.

Inspirierende Filme

Eine ganz subjektive Auswahl

Ich kann Ihnen nicht sagen, was der Weg zum Erfolg ist, nur was der Weg zum Misserfolg ist: Es allen anderen recht machen zu wollen. —Bill Cosby

- *Armageddon – Das jüngste Gericht*
  Regie: Michael Bay. Touchstone Pictures, 1998.
- *Billy Elliot – I will dance*
  Regie: Stephen Daldry. United International Pictures GmbH/Universal Film, 2000.
- *Blind Side – Die große Chance*
  Regie: John Lee Hancock. Alcon Entertainment, 2009.
- *Das Comeback*
  Regie: Ron Howard. Universal Pictures, 2005.
- *Die Legende von Bagger Vance*
  Regie: Robert Redford. Twentieth Century Fox, 2000.
- *Forester – gefunden!*
  Regie: Gus Van Sant. Columbia Pictures Corporation, 2000.
- *Forrest Gump*
  Regie: Robert Zemeckis. Paramount Pictures, 1994.
- *Gandhi*
  Regie: Richard Attenborough. International Film Investors, 1982.
- *Good Will Hunting – Der gute Will Hunting*
  Regie: Gus Van Sant. Be Gentlemen Limited Partnership, 1997.

- *Herberge zur sechsten Glückseligkeit*
  Regie: Mark Robson. Twentieth Century Fox, 1958.
- *Herr der Ringe: Die Gefährten*, 2001
  Herr der Ringe: Die zwei Türme, 2002
  Herr der Ringe: Die Rückkehr des Königs, 2003
  Regie: Peter Jackson. New Line Cinema.
- *Ich bin Sam*
  Regie: Jessie Nelson. New Line Cinema, 2001.
- *Independence Day*
  Regie: Roland Emmerich. Centropolis Entertainment, 1996.
- *Karate Kid*
  Regie: John G. Avildsen. Columbia Pictures Corp., 1984.
- *Kung Fu Panda*
  Regie: Mark Osborne, John Stevenson. DreamWorks Animation, 2008.
- *Miss Potter*
  Regie: Chris Noonan. Phoenix Pictures, 2006.
- *Rhythm Is It!*
  Regie: Thomas Grube, Enrique Sánchez Lansch. BoomtownMedia GmbH & Co., 2004.
- *There will be blood*
  Regie: Paul Thomas Anderson. Paramount Vantage, 2007.
- *Tin Cup*
  Regie: Ron Shelton. Regency Enterprises, 1996.
- *Unter der Sonne der Toskana*
  Regie: Audrey Wells. Touchstone Pictures, 2003.

Ganz praktisch

Was schriftlich ist, wird konkret

Die Kürze ist die Schwester des Talents.
—Anton Tschechow

- Meine bisher größten Erfolge:

- Erfolge, die ich mir wünsche:

Ganz praktisch

- Voraussetzungen für meinen Erfolg:

- Meine Vorbilder für ein erfolgreiches Leben:

■ Meine Werte – das ist mir wichtig:

■ Meine Stärken – das kann ich gut:

- Die nächsten Schritte zum Erfolg:

. . . .

- Menschen, die mich dabei unterstützen können, meine Ziele zu erreichen:

. . . .

Die Autorin

Kerstin Hack
Alles, was man teilen kann, vermehrt sich. Es gehört zu meinen Lebensgrundsätzen, dass ich das, was ich als hilfreich erfahren habe, gerne mit anderen teile. Kurze Gedanken und Inspirationen auf Facebook und via Twitter.
Ausführlicheres auf meinem Blog und in meinen Büchern. Und natürlich in Vorträgen und Seminaren.

www.kerstinhack.de
www.kerstinpur.de – Blog
www.facebook.com/KerstinAHack
www.twitter.com/berlintutgut

Weil Kommunikation keine Einbahnstraße ist, freue ich mich über Anregungen, Feedback und Kommentare: info@kerstinhack.de.

Das Team

Wer hinter diesem Buch steht

Die Mitwirkenden

Auch wenn der Name Kerstin Hack auf dem Buch steht, so ist es doch ein Gemeinschaftswerk. Stefanie Liebig, Esther Sommerfeld und Andrea Specht haben bei der Auswahl und Zusammenstellung der Texte mitgewirkt, Quellen recherchiert sowie Sprache und Rechtschreibung in Form gebracht.
Die Grafik und Gestaltung stammt aus der Hand und dem Computer von Michael Zimmermann.

Viele Buch- und Filmtipps stammen von Freunden und Lesern. Herzlichen Dank.

DTE
Down to Earth

Down to Earth Verlag

Der Name des im Jahr 2000 gegründeten Verlags ist Programm. Er bedeutet »vom Himmel auf die Erde«. Der Verlag will inspirieren und Menschen ganz praktisch beim Leben helfen.
Besonders beliebt sind die Impulshefte und Quadros. Sie fassen Wichtiges zu zentralen Lebensthemen kurz und prägnant zusammen und helfen beim Einüben. Der Verlag bietet zu vielen Themen, die er publiziert, auch E-Books, Seminare und Workshops an. Damit es nicht bei der Theorie bleibt, sondern das Gelernte auch umgesetzt wird. **www.down-to-earth.de**

Notizen

Meine Gedanken und Erfahrungen

Nur im Wörterbuch kommt Erfolg vor Fleiß.
—Autor unbekannt

Erfolg besteht zu 10% aus Leistung, 30% aus Selbstdarstellung und zu 60% aus den Kontakten, die man hat.
—Sabine Asgodom

Alles Gelingen hat sein Geheimnis,
alles Misslingen seine Gründe.
—Joachim Kaiser

Auch die Lilien auf dem Felde sind mal irgendwann aus dem Dreck gekrochen.
—Marc Flint

An der Tür zum Erfolg steht geschrieben: drücken und ziehen.
—Jiddisches Sprichwort

Jedem großen Erfolg muss Gott einen Tropfen Bitterkeit beimischen, wenn er dir nicht schaden soll.
—Carl Hilty

Der Erfolg jeder Generation wird an dem gemessen, was die nächste Generation tun wird.
—David Demian

Man löst keine Probleme, indem man sie auf Eis legt.
—Winston Churchill

Wenn etwas funktioniert, dann mach mehr davon.
—Steve De Shaze